Pascal Leroy

Par-devant *le* bien et *le* mal

En liberté *sans condition*

Essai

Édition : BoD · Books on Demand GmbH, In de Tarpen 42, 22848 Norderstedt (Allemagne)
Impression : Libri Plureos GmbH, Friedensallee 273, 22763 Hamburg (Allemagne)
ISBN: 978-2-3225-2010-7

© Pascal Leroy, 2024

Mise en page : Auto-édition Karenine
Dépôt légal : octobre 2024
Tous droits réservés, y compris de reproduction partielle ou totale, sous toutes ses formes.

« Telle est la misérable condition des hommes, qu'il faut chercher, dans la société, des consolations aux maux de la nature, et, dans la nature, des consolations aux maux de la société. »

Nicolas de Chamfort

« Toute la suite des hommes, pendant le cours de tous les siècles, doit être considérée comme un même homme qui subsiste toujours et qui apprend continuellement. »

Blaise Pascal

« Celui qui, descendant en soi, ne s'arrête pas au calme des premiers abris, mais se résout à mener jusqu'au bout l'aventure, il est précipité loin de tout refuge. »

Emmanuel Mounier

Mise en bouche

La question morale, qui va bien au-delà de la question hypothétique du bien et du mal, subsiste depuis la nuit des temps humains, bien avant l'avènement des grandes civilisations, des courants philosophiques et des grandes religions qui tous ensemble ont joué, jouent et continueront à jouer un rôle déterminant dans les évolutions de notre humanité.

Vu le fait que cette question existentielle est de toutes les époques et qu'elle est universellement inscrite au cœur de toutes les aventures humaines, tant le bon sens que la raison sa compagne m'ont poussé à prendre clairement distance par rapport à mon bagage personnel et à tenter une approche particulière qui s'applique à agencer patiemment des mots d'aujourd'hui, d'ici et de maintenant, aux alentours de ce que la nature humaine semble receler d'universel au-delà des particularismes historiques, régionaux et individuels.

Plutôt que de morale au sens commun et traditionnel du terme, cet ouvrage s'intéresse à une notion à définir qui englobe le sens moral lié à notre participation au règne animal et tous les facteurs individuels et collectifs, conscients et inconscients, qui influent sur nos pensées, nos imaginaires, nos comportements, nos décisions et nos actions. Celui-ci ne fait pas du tout la morale et ne prêche pour aucune chapelle. Il n'est pas un manuel consacré à l'histoire de la philosophie morale, à l'évolution de ses grands courants et des doctrines qui de manières diverses et parfois antagonistes ont accommodé les ingrédients de la vie morale tant au niveau individuel que collectif.[1]

Cet essai a pour ambition première et essentielle de contribuer d'une manière singulière à la réflexion en formulant des propos nuancés sur un sujet complexe, difficile et délicat, à savoir la place de nos parts personnelles dans ce que, à défaut d'un mot unique qui puisse tout embrasser, nous appellerons ce *fait moral* qui agrège

---

[1] En guise d'entrée, je vous suggère « La philosophie morale », Monique Canto-Superbe et Ruwen Ogien, Collection « Que-sais-je ? », Presses Universitaires de France, 2004.

tout ce qui de près ou de loin fait largement commerce avec la question morale. C'est dans cette dynamique que cette contribution peut être lue comme la première partie d'un roman policier dont vous pourriez écrire une suite en partant vous-même à la recherche de la face cachée de vos propres morales.

Par nature, nos vérités morales sont des constructions. Cet ouvrage qui s'est structuré pas à pas n'est pas destiné à quiconque s'obstinerait à prendre les siennes pour des vérités.

Avant-propos

La Nature n'a pas attendu l'arrivée fortuite et récente du genre humain pour développer des moyens permettant à une infinie variété d'êtres vivants de faire progressivement face aux multiples défis engendrés par la cohabitation de tant et plus d'individus et d'espèces diverses dans des espaces déterminés.

A des degrés très divers, une observation de la vie animale, plus précisément celle du comportement d'animaux sociaux, laisse clairement apparaître l'existence d'émotions, de sentiments, de formes de coopération, de certaines capacités de compassion, de modes de résolution des conflits, de règles sociales et en prime de systèmes de punitions et de récompenses.

Les animaux sensibles ont vraisemblablement la chance de ne pas avoir une pleine conscience de la place qu'ils occupent dans les cycles de la vie et de la mort et du fait que leurs comportements sont dictés par leurs gènes, par leurs instincts, par leurs émotions, par la transmission de modèles, par un ensemble de forces qui les poussent à veiller naturellement à leurs intérêts propres et dans la foulée à la survie de leur espèce.

Certains de ces animaux, tout spécialement les primates, sont dotés d'un sens quasi-moral, d'un instinct qui les poussent à tenir compte de leurs congénères et à coopérer. Vu le fait que l'espèce humaine n'est pas née d'un simple claquement de doigts, il est permis de considérer que nos propres morales s'inscrivent dans le cadre d'une très longue évolution qui a progressivement éveillé certains primates à la conscience d'eux-mêmes et leur a offert en outre la capacité d'agir sur leur milieu et leur destinée.

Dans les grands va-et-vient du vivant, les hommes ont tendance à se prendre pour des plus-que-primates qui auraient gagné à la loterie alors qu'ils sont eux aussi soumis aux saisons et aux lois de la nature. De manières très diverses, ils sont embarqués dans une famille, dans un milieu social, dans diverses sociétés, dans une culture ainsi que dans une époque particulière. Embourbés dans leurs appartenances, ils s'évertuent bien naïvement à croire que leurs pensées sont pleinement personnelles alors qu'elles sont conditionnées, alors même qu'elles sont largement déterminées et qu'elles s'inscrivent à chaque fois dans une histoire à la fois singulière et collective.

La qualité de nos existences est profondément marquée par nos conditions de vie mais aussi, d'une manière essentielle, par nos mentalités, par nos représentations, par les conditionnements de nos esprits, par les regards, par les mots, par les silences dans lesquels nous marinons, par les façons dont nous interprétons et vivons nos relations à nous-mêmes et aux autres.

Un regard attentif permet de déceler que, dans les situations ordinaires, nos environnements quotidiens sont bien souvent fleuris d'instants de joie, de détente, de plaisir, de paix, ainsi que d'une myriade de pensées, de gestes, d'actes, de paroles et de rencontres qui laissent généralement une large place à la bonté, à la civilité, à la courtoisie, à la créativité, à la coopération, à l'écoute, à l'entraide, à la générosité, à l'humour, au partage. Tout cela n'enlève cependant rien au fait que ces environnements sont aussi abondamment truffés d'autres éléments troublants qui, de toutes parts, nous ramènent au dur métier de vivre.

Multiples et partielles, nos pensées se heurtent à la complexité des choses et aux contradictions apparentes de la vie, à commencer par nos propres contradictions. Elles suivent des chemins divers et sont bien souvent influencées par le fait paradoxal que généralement notre être aspire à la fois à l'ouverture et au repli, à l'action et au repos, à la compréhension et à l'ignorance, au combat et à la fuite.

Chaque personne vit des réalités singulières qui, sur l'essentiel, ne peuvent être véritablement partagées. Il en résulte que la relation à soi-même et à l'autre s'enrichit lorsqu'elle passe par l'acceptation de sa propre solitude, par une attention toute particulière à celle de l'autre. Mais là encore, quelle que soit la qualité de la relation, quelle que soit la qualité des mots et des silences qui les accompagnent, la communication reste et restera toujours partielle, souvent partiale.

Les mots qui nous permettent d'exprimer nos désirs, nos émotions et nos pensées, sont avant tout des habits que nous mettons sur les choses pour étiqueter, classifier, analyser, interpréter, supporter, communiquer, exprimer, séduire, partager, mais aussi pour nous défendre, pour nous préserver. Il n'y a pas de beaux mots ou de bons mots par nature. Les mots valent en fait par leur contexte, par ce qu'ils véhiculent, par ce qu'ils révèlent. Il arrive qu'ils s'amusent à se jouer de nous. Il est aussi des moments où, sous la pression et la turbulence des émotions, des humeurs, des idées et des sentiments, ils viennent à manquer.

Les mots importent autant que les raisons conscientes ou inconscientes qui nous poussent à les choisir. Ainsi, certains mots peuvent être tout autant vides ou riches de sens suivant qu'ils sont utilisés ou non de manière directement intéressée. Amour, devoir, égalité, espérance, fraternité, liberté, responsabilité, solidarité sont autant de mots qui sont gorgés de sens et qui peuvent cependant perdre rapidement leur signification et finir par sonner creux lorsqu'ils servent de simples arguments, lorsqu'ils sont mis au service de causes contradictoires, lorsqu'ils sont aveuglément claironnés par des adversaires sur un même champ de bataille.

Les idées qui mènent les sociétés sont souvent comprises de multiples manières, ce qui laisse le champ libre aux idéologies de tout poil dont certaines utilisent, sans vergogne et à des fins partisanes, de grandes références, des valeurs théoriquement indiscutables : justice, liberté, égalité, solidarité, etc.

Au-delà du flux croissant des idées, les sociétés modernes sont marquées par un pluralisme culturel, par des conceptions morales d'une grande diversité qui sont partiellement liées à l'évolution rapide des techniques et des communications au niveau mondial ainsi qu'au fait que nombreux sont ceux qui revendiquent pour eux-mêmes, au travers d'une limitation des contraintes, le droit de se réaliser individuellement ainsi que la liberté d'inventorier les limites du possible.

Les sociétés modernes ne contribuent pas au déclin ni même à la fin de la réalité morale mais plutôt à la dispersion des références et des valeurs. Dans ce contexte pluriel, les réflexions morales apparaissent plus difficiles à formuler aujourd'hui qu'hier. Plus personne ne peut parler d'un large consensus comme on le ferait dans une société traditionnelle. Il n'y a pas une morale de référence mais des morales multiples et souvent concurrentes qui mêlent confusément l'individuel et le collectif, l'instinctif et le culturel.

Cet essai s'intéresse à l'approche personnelle du « vivre avec » et du « vivre ensemble », à la place prise par nos morales particulières dans un monde complexe, énigmatique, opaque et paradoxal, qui avance sans broncher et qui peut donner l'impression de brasser inlassablement et indistinctement le beau, le bon, le généreux, le merveilleux, l'indifférent, le cruel, l'ignoble, l'atroce.

Il part du quasi-sens moral propre à l'univers des êtres sensibles ainsi que des dimensions sociales et individuelles de nos morales pour se concentrer ensuite sur ce que la morale au quotidien peut avoir d'intime, d'absolument personnel et de secret. Il se risque à un sujet délicat, les aspects proprement personnels de la vie morale étant généralement réduits à des questions d'adhésion, de convictions, de croyances, de choix personnels, de vie privée, en dehors de toute idée d'impératif.

Les hommes ont royalement tendance à se considérer comme des êtres autonomes alors qu'ils sont par essence des êtres sociaux, alors qu'ils sont naturellement dépendants et même de plus en plus interdépendants. Il ne pourrait en conséquence y avoir de morale individuelle qui soit vraiment propre. C'est au cœur de ce paradoxe que s'inscrit toute réflexion visant à mettre en lumière la part personnelle dans le **fait moral**, un concept qui agrège de manière indissociable ce que nous appelons communément la morale avec l'ensemble des facteurs conscients et inconscients qui, de près ou de loin, de l'intérieur ou de l'extérieur de notre corps-esprit, interfèrent et influent sur nos pensées, nos comportements, nos décisions et nos actes sans considération nécessaire pour la question de savoir ce qui serait bien ou ce qui serait mal.

Dans la vie quotidienne, tant au plan collectif qu'au plan individuel, les discussions qui touchent aux questions d'ordre moral sont souvent banales, rapides, sommaires, superficielles, insatisfaisantes. Et lorsqu'elles sont animées par une volonté de pousser plus loin la réflexion, elles montrent combien il est difficile de creuser profond. Aborder ces questions par le biais de l'écriture a pour bénéfice de permettre les développements, les nuances et les corrections.

Cet ouvrage qui s'est structuré petit à petit est fait de mots, de résonances, de considérations, d'idées et de raisonnements qui se sont patiemment imbriqués les uns dans les autres. Il s'intéresse au *comment penser* bien avant le *que penser*, le *que dire* ou le *que faire* dans telle situation générale ou dans telle circonstance particulière. Il ne s'agrippe à aucune doctrine et a pour seul dessein de dégager quelques pistes de réflexion.

Il me plaît de préciser que, au cours de sa lente et laborieuse rédaction, je me suis constamment appliqué à laisser une large place aux nuances et à faire autant que possible preuve de rigueur intellectuelle, de bon sens et de bonne foi, trois ingrédients sans lesquels la mayonnaise ne peut prendre. Il me plaît aussi de souligner que, lorsque je me suis permis des raccourcis ou des affirmations pour éviter des développements qui auraient pu alourdir le propos, je l'ai fait avec le même état d'esprit.

Le présent essai est le fruit de précieuses rencontres et de patientes réflexions. Sa genèse doit beaucoup à la pensée d'André Comte-Sponville, philosophe et enseignant français que j'ai rencontré par le biais d'émissions radiophoniques, de conférences claires et pédagogiques et de livres qui proposent une approche moderne de nombreux thèmes qui touchent à des éléments essentiels de nos vies. Le bonheur. La connaissance. Le courage. Le désir. L'espérance. La gratitude. L'illusion. La miséricorde. La morale. La mort. La philosophie. Le plaisir. La politique. Le réel. La sagesse. Le silence. La simplicité. La vérité. La volonté.

Dans un premier temps, je m'étais limité à une simple compilation d'extraits de trois livres de cet auteur. J'ai ensuite éprouvé le désir de relier ceux-ci, de rédiger des notes à usage personnel. Les textes et les notes que j'avais alors rassemblés sans intention particulière, je les ai enfin patiemment élagués, pétris, reformulés, articulés, étoffés.

J'ai par après ressenti le désir croissant d'aller au-delà de cette rencontre, de quitter les pas d'un maître (qui a bien sûr ses propres maîtres qui eux aussi ont ou eurent les leurs et ainsi de suite) et de me soumettre à l'épreuve de l'écriture avec l'intention de développer autant que possible une approche claire et personnelle.

Le présent texte présente un éclairage singulier, un point de vue personnel parmi tant d'autres. Au niveau conceptuel, il fait une distinction essentielle entre la morale et la question de savoir ce qui serait moral ou non. Il propose une définition large et neutre de la notion de fait moral qui englobe le sens moral que nous tenons pour partie de notre appartenance au règne animal, les morales collectives ainsi que les morales personnelles dont il y a lieu de distinguer dans chaque cas la part individuelle et la part intime.

J'ai longtemps hésité à partager ce travail en raison de la complexité de son objet, en raison de ses aspects théoriques et du fait que, dans mes retranchements, je suis clairement affecté par la persistance d'un large fossé et de nettes contradictions entre ces phrases que j'écris pour me construire ou pour me préserver et la manière bien ordinaire dont je pense et agis effectivement au quotidien.

Cet ouvrage, qui n'est pas écrit et structuré comme le serait un manuel, est présenté sous forme de pavés qui imposent un esprit de synthèse, des pavés entre lesquels existe chaque fois un lien évident ou un lien suggéré, mais aussi parfois un lien à découvrir. L'intérêt de l'écriture à l'aide de pavés est de pouvoir revenir sur un paragraphe, d'avoir la possibilité de le retravailler, de le déplacer ou de le supprimer si nécessaire ou plus noblement de lui assigner une place particulière.

Vu le fait que les réflexions sur le fait moral touchent au concret de nos vies, il aurait été normal que les miennes soient illustrées par des exemples pratiques. Le choix et la présentation de pareils exemples ne sont toutefois pas chose aisée et, de plus, l'expérience me pousse à penser que ceux-ci seraient susceptibles d'entraîner hors de leurs contextes respectifs des réactions et des discussions trop rapides ou même des digressions sans intérêt. C'est délibérément que j'ai choisi de réserver les partages d'expériences vécues aux observations, aux conversations et aux débats que cet essai aimerait pouvoir susciter.

Dans la foulée de cette introduction, je vous invite à chausser de bonnes bottines, à saisir un bâton de grande randonnée, à vous couvrir et à vous lancer dans la lecture suivie de cet essai, mais encore à persévérer et à réserver pour le dessert vos opinions, vos réflexions, vos points de vue et vos avis.

Points d'appui

Chaque personne a ses propres références et dans la foulée de propres points d'appui qui sont liés à sa personnalité et à ses expériences. Comme points de départ et premiers points d'appui personnels pour l'écriture de cet essai, j'aurais pu me reposer sur des manuels, des traités ou des textes à caractère académique. J'ai plutôt choisi de privilégier trois livres qui sont tombés dans ma vie à de bons moments, trois livres d'André Comte-Sponville que j'ai lus et relus il y a de nombreuses années et qui ont résonné en moi comme de précieuses rencontres :

(A) **Le mythe d'Icare**, Traité du désespoir et de la béatitude, 1, P.U.F., Perspectives critiques, 1988 ;

(B) **Vivre**, Traité du désespoir et de la béatitude, 2, P.U.F., Perspectives critiques, 1988 ;

(C) **L'esprit de l'athéisme**, Introduction à une spiritualité sans Dieu, Albin Michel, 2006.

Les deux premiers permettent de découvrir la richesse, la clarté possible d'une philosophie qui place au premier rang la Nature, le corps, la matière, l'instinct, les désirs, la peur, la mort, le plaisir, la force, l'inconscient, l'économie et qui, dans un même temps, consacre la primauté de l'esprit, des sentiments, du courage, de l'intelligence, de la culture, de la morale, de la politique, du droit, de l'art, de la dignité. Une vision qui n'oppose pas la Nature à l'esprit ou les instincts à la culture, mais qui relie ceux-ci dans une perspective dynamique et complémentaire.

Le mythe d'Icare évoque l'idée physique d'une ascension au cœur d'un monde fini, de l'envol d'une personne qui tente d'aller jusqu'au bout d'elle-même et qui, en plein vol, découvre soudainement, tant dans son corps que dans son esprit, qu'il n'y a pas d'issue véritable et que tout espérance est illusoire.

L'espoir n'est pas l'espérance. Il évoque le fait tout naturel de rechercher, avec confiance ou anxiété, la satisfaction d'un ou de plusieurs désirs précis. De manière plus générale, l'espérance porte plutôt sur un avenir qui ne dépend pas de soi.

Personne ne pourrait échapper totalement à la tentation toute naturelle de l'espérance, au désir de rechercher un fil ou un guide pour la traversée des labyrinthes de la vie. Il est d'ailleurs des moments difficiles où l'espérance s'impose comme une illusion nécessaire.

Il existe pourtant un chemin au bord duquel nous pouvons déposer tout ou partie de ce qui nous habite d'espérance. Ce chemin n'est pas un chemin de désespérance, de déception, de dépit ou de tristesse. Il trace une voie pour un regard autre sur les choses. Il ne s'agit pas d'y perdre espoir mais plutôt de renoncer autant que possible à l'espérance comme moteur pour sa vie, de s'appliquer à réserver une place déterminante à la volonté d'agir ici et maintenant. C'est apprendre à connaître, à agir, à aimer. Pourquoi espérer en outre ce qui ne dépend pas de soi ?

Nous parlons bien souvent de notre être comme si les choses dépendaient principalement de nous alors que nous sommes embarqués dans une aventure qui nous précède et nous dépasse, alors que nous voguons sur un océan qui donne l'impression de s'agiter sans fin et de se tourmenter sans but. Une voie médiane nous invite à ne pas nous bercer de rêves ou d'illusions, à ne pas nous accrocher aux barreaux d'une cage imaginaire, à nous arrimer à la vie telle qu'elle est, imparfaite et à construire, et à saisir fermement les rames de la goutte d'océan qui nous constitue. Pour aller où ? Les grands coups de rame débouchent sur la même réponse que dans le ciel d'Icare : au milieu de nulle part ! Où que nous allions, nous sommes ici et maintenant.

Partant du fait qu'il n'y a ni bien ni mal en soi, André Comte-Sponville nous invite à ne pas prendre nos croyances et nos jugements pour une forme de connaissance, à ne pas projeter sur la Nature ce qui n'existe qu'en nous. En cela, il propose une morale empreinte de sagesse.

La morale et la spiritualité ont longtemps été associées à la religion. Dans le troisième ouvrage qui ouvre la porte à une spiritualité sans Dieu, André Comte-Sponville aborde, dans le détail et avec subtilité, trois questions qui apparaissent importantes dans un monde qui, suivant les régions, connaît le déclin ou un retour du religieux (qui ne correspond pas nécessairement à un regain de spiritualité) :

- Peut-on se passer de Dieu ?
- Dieu existe-t-il ?
- Les athées seraient-ils condamnés à vivre sans spiritualité ?

Le fait que de nombreux hommes se passent fort bien d'une quelconque religion ne signifie pas que tous le puissent ou même qu'ils le doivent.

Tout en précisant qu'il ne sait pas si Dieu existe, André Comte-Sponville développe longuement les raisons pour lesquelles il croit que celui-ci n'existe pas. Dans la foulée, il propose des pistes permettant de vivre, sans le secours d'une foi fondée sur la transcendance, une forme de spiritualité de l'immanence qui soit à la fois inscrite dans le présent et ouverte sur l'univers dans son immensité.

Il nous invite à nous débarrasser des illusions du libre-arbitre, à nous affranchir des contraintes théoriques (le devoir, l'interdit), à nous libérer de l'espérance (la récompense, le paradis), des craintes (les châtiments, l'enfer) ainsi que des tristesses qui paralysent (le remords, la honte).

Il n'est pas nécessaire d'adhérer à une foi ou à une doctrine pour penser et vivre le fait que la sincérité vaut mieux que le mensonge, que le courage vaut mieux que la lâcheté, que la générosité vaut mieux que l'égoïsme, que la douceur vaut mieux que la violence, que la compassion vaut mieux que le mépris, que la justice vaut mieux que l'injustice, que l'amour vaut mieux que la haine.

Avec ou sans Dieu, car là n'est pas la question, nous avons besoin de nous référer à des valeurs qui nous aident à vivre d'une façon qui nous apparaisse acceptable. Le fait qu'il n'y ait pas de Vérité révélée ne nous empêche pas d'adhérer à des valeurs morales, de rechercher et de déterminer ce qui serait bon ou mauvais à nos yeux.

Pour André Comte-Sponville qui n'a pas rejeté les apports de la culture chrétienne avec l'eau du bain lorsqu'il s'est dépouillé de toute croyance religieuse, il importe de demeurer fidèle aux valeurs positives qui ont contribué à la construction de notre humanité, de les transmettre et d'être personnellement digne de ce que nous pouvons et voulons être. Ce qui finalement fait la valeur d'une vie, ce n'est pas la foi ou l'espérance, c'est ce qui rapproche, ce qui relie, ce qui unit ; c'est la capacité à aimer, à compatir, à communier, à être fidèle et à agir pour la justice.

Même s'il se doit d'être particulier et de déboucher sur des actes, le discours moral peut être avant tout celui de la dignité de chaque personne. Il permet de substituer aux idées du bien et du mal, comme valeurs absolues qui présupposent l'existence du libre-arbitre, les notions du bon et du mauvais pour soi et pour les autres, du préférable, comme valeurs particulières et infiniment relatives.

Avant de préciser le concept de fait moral et d'engager une réflexion à propos des dimensions sociales, individuelles et personnelles de celui-ci, il m'apparaît intéressant de relier des données de base et des considérations sur divers éléments qui sont constitutifs de notre nature humaine : la connaissance (subjective), les instincts, les désirs, les choix, les idées, les illusions, les espérances.

« Dans un univers sans juge suprême, le bien et le mal cessent d'être des références absolues. Il n'y a pas de commandement et le péché n'existe pas. » (A, p. 51)

« Ce n'est pas la valeur qui détermine le désir, c'est le désir qui définit la valeur. Ce n'est pas le bien qui est désirable ; c'est le désiré qui est bon. Et l'on comprend alors qu'en même temps que meurt toute morale absolue (puisqu'il n'y a ni Bien ni Mal en soi), naît la possibilité d'une éthique, en tant que théorie du bon et du mauvais pour nous. » (A, p. 66)

« Ce que Spinoza opère ici, après Épicure et avant Nietzsche, c'est un changement complet de perspective : nous passons d'un point de vue moral (dominé par les notions de libre-arbitre, de devoir et de faute) à un point de vue éthique (dominé par les notions de désir, de puissance et de joie). Il n'y a plus de bien et de mal (comme valeurs universelles et absolues) mais seulement du bon et du mauvais pour nous (comme valeurs toujours particulières et relatives). » (B, p. 93)

Connaître

En principe, sous l'effet d'une dynamique vertueuse, connaître devrait nous permettre de comprendre, comprendre nous aider à vouloir et vouloir nous pousser à agir. Mais en fin de compte, que sommes-nous ? Qui sommes-nous ? Que croyons-nous savoir de nous, d'autrui et du monde dans lequel nous sommes immergés ? Que savons-nous effectivement ? Que valent nos connaissances ?

Les sciences de toute nature ne nous permettent de connaître que très partiellement d'autant plus qu'elles sont confrontées à une myriade de données et à l'infinie complexité des phénomènes. Elles ne pourraient nous permettre d'appréhender globalement la réalité du vivant, de l'infiniment grand à l'infiniment petit. Il n'est d'ailleurs pas nécessaire d'être bien savant pour constater qu'il ne pourrait y avoir de connaissance pleine et entière et de compréhension intégrale, même en connectant de mirobolants cerveaux artificiels à tous nos cerveaux d'origine reptilienne. L'agglomération des connaissances de toute nature et des intelligences d'hier, d'aujourd'hui et de demain, outre qu'elle serait impossible à réaliser en pratique, ne pourrait vraisemblablement déboucher que sur une claire évidence selon laquelle rien ne pourrait être compris globalement, même pour ceux qui ont choisi de croire à l'existence d'un grand ordonnateur.

A côté des connaissances objectives qui portent sur des données et sur des faits concrets et vérifiables par quiconque, les connaissances qui nous intéressent ici sont celles qui varient d'individu à individu en fonction des perceptions, des expériences, des opinions, des sentiments, des croyances et des interprétations personnelles.

Au-delà des mots et des maux entre lesquels il slalome, l'être humain aimerait pouvoir échapper au disparate des éléments. Selon son environnement, ses perceptions particulières, ses attentes et sa logique propre, il se forge une certaine représentation du monde. Malgré le fait que les compréhensions qu'il développe sont vouées à rester clairement imparfaites et insatisfaisantes, celles-ci lui apparaissent finalement utiles et par-là nécessaires en ce qu'elles l'aident à se situer.

Pour chaque être de chair, il s'agit avant tout de vivre comme faire se peut, d'aller à la découverte de chemins et de terres inconnus, de se forger une place. Et pour cela, il a la possibilité de s'appliquer à connaître en s'efforçant d'interpréter le moins ou le mieux possible. Co-naître à la vie, c'est apprendre à accueillir la réalité des choses au-delà des compréhensions qui peuvent échapper.

Alors que l'on préférerait se contenter d'un point de vue d'observateur situé sur le haut de la montagne, il est toutefois utile et nécessaire de partir du creux de la vallée, de réserver une juste place à son « moi » et de progresser à ses côtés au rythme de la marche.

Il apparaît bien vite que ce moi plein d'émois n'est pas une substance, une entité unique, homogène, constante et autonome. Celui-ci est avant tout le point de rencontre fragile et mouvant d'éléments biologiques, chimiques, psychiques, culturels, sociaux et historiques. Plutôt qu'un temple, il est un labyrinthe où cohabitent le conscient et l'inconscient dont les intelligences se chevauchent tout en étant bien distinctes. Quand il raconte son passé-présent-avenir, il est le lieu privilégié de son imaginaire et de ses illusions, en ce compris des illusions qu'il se fait sur lui-même.

Le moi est aussi un lieu où jouent d'une manière fluctuante un mixte de particularités (âge, genre, caractère, activités, santé, statut, etc.), une multitude d'appartenances allant de la cellule familiale à des cercles de plus en plus étendus ainsi qu'un assortiment bigarré de convictions personnelles (philosophiques, politiques, religieuses et autres) qui évoluent au gré des désirs, des expériences et de l'eau qui coule sous les ponts : autant de facettes d'un personnage composite en perpétuel devenir qui est cependant condamné à assumer le fait d'être à la fois catalogué, étiqueté et incernable.

Ce moi, qui a naturellement tendance à se prendre au sérieux, habite un corps-esprit qui peut cependant être virtuellement considéré comme un sujet de droit, comme un sujet moral.

« Qui craindrait une éclipse, aujourd'hui ? Le matérialisme joue la vérité contre le sens, le silence de la nature contre le bavardage des prêtres ou des herméneutes. Sa maxime est : n'interprète pas (n'interroge pas les signes) ; applique-toi à connaître (recherche les causes). » (B, p. 167)

« A nous d'habiter cet espace à la fois matériel et spirituel (le monde, nous-mêmes : le présent), où rien n'est à croire, puisque tout est à connaître, où rien n'est à espérer, puisque tout est à faire ou à aimer – à faire, pour ce qui dépend de nous ; à aimer, pour ce qui n'en dépend pas. » (C, p. 70)

« L'essentiel est en moi, mais n'est pas moi. » (A, p. 12)

« Le moi n'est pas un être, mais une histoire. Il est ce qu'il fait, et ce qu'il fait le fait. » (B, p. 73)

L'instinct est une force

Du monde animal auquel nous restons liés, nous avons hérité d'instincts qui visent à assurer la survie, à permettre la reproduction et à favoriser la vie en groupe. Au cœur de toute vie individuelle ou sociale, les instincts dictent la manière de satisfaire les besoins qui pointent leur nez. Nos instincts influencent nos réactions, nos comportements et même nos décisions lucides sans que nous nous en rendions nécessairement compte.

L'instinct sexuel, qui est lié à un surplus de force et à un besoin général de fécondité, agit sur l'organisme tout entier et exerce une sorte de pression qui, en principe, génère un élan fécond au niveau des sentiments, de la volonté et de la vie intellectuelle.[2] Cependant, la pulsion sexuelle peut aussi être négative, voire destructrice. Le fait qu'elle soit si présente et si

---

[2] Voyez sur ce point les superbes développements figurant aux pages 82 à 84 d'un livre de Jean-Marie Guyau : (D) **Esquisse d'une morale sans obligation ni sanction**, Allia, 2008.

puissante dans nos esprits explique le fait que la vie sociale nécessite sa régulation.

Paradoxalement, la régulation des instincts est un puissant moteur d'humanisation et de civilisation en ce qu'elle contribue à générer des rituels, des interdits, des mythes, des croyances, des religions, des idéologies et des organisations sociales.

L'ordre biologique ne connaît que l'espèce. L'individu, qui est mortel, est subordonné à son espèce qui semble immortelle. Les instincts que la Nature recèle ont comme plan secret la conservation de l'espèce à travers les individus dans un cadre où il s'agit avant tout de vivre, de donner la vie, d'agir, de vibrer, de lutter, de vaincre, de résister, de survivre. Dans ce contexte, la question se pose de savoir jusqu'à quel point les normes morales fondamentales procèdent des instincts qui relient l'individu à son espèce.

Les cultures et les morales traditionnelles fixent des cadres qui permettent et imposent aux instincts de se manifester de certaines manières et selon certaines formes. Elles provoquent inévitablement des oppositions et des conflits. Il arrive même qu'elles prescrivent des renoncements pulsionnels trop forts, des cadres moraux trop contraignants, trop rigides, trop stricts, sans se soucier de la charge excessive qu'elles font ainsi peser sur les individus.

Les morales traditionnelles puisent leurs racines dans la force des instincts. Il s'agit pour l'espèce de durer et pour l'être singulier de persévérer. Toutefois, la faculté d'offrir du meilleur ou de s'abandonner au pire, cette liberté des extrêmes que nous avons reçue en héritage rend les choses complexes. Ainsi, pour ce qui est du pire, les passions, la surexcitation, l'exaltation et l'exploitation des instincts peuvent entrainer des comportements tels qu'un quidam ou une société en arrive à négliger la vie d'autrui et même sa propre survie.

L'instinct n'est pas une valeur, mais une force. On ne pourrait d'ailleurs pas compter sur les réactions purement instinctives des humains pour assurer la régulation de leurs vies sociales. Pour l'instinct grégaire comme pour les autres instincts, ces derniers ont tendance à justifier rationnellement des attitudes qui leur sont en fait obscurément dictées par leur nature profonde. L'instinct a sa valeur et mérite d'être accueilli comme tel. Pourquoi faudrait-il chercher de bonnes raisons là où l'instinct ne justifie rien, ne légitime rien et se contente de pousser à l'action ?

Nombre de nos désirs ont partie liée avec nos instincts. Vérités du corps, les désirs sont les moteurs de nos vies.

« Le ressort naturel de l'action, avant d'apparaître dans la conscience, devait agir au-dessous d'elle, dans la région obscure des instincts : la fin constante de l'action doit avoir été primitivement une cause constante de mouvements plus ou moins inconscients. » (D, p. 76)

« L'instinct sexuel est une forme supérieure, mais particulière, du besoin général de fécondité : or, ce besoin, symptôme d'un surplus de force, n'agit pas seulement sur les organes spéciaux de la génération, il agit sur l'organisme tout entier. » (D, p. 82)

« Puisque le moi n'est rien et que j'existe pourtant, je n'aurai de joie, dans mon rapport à moi-même (ou à ce que je vis comme tel), qu'autant que je saurai aimer cela en moi qui n'est pas un individu, non pas un sujet, non pas un objet, non pas une chose : ce jeu de forces et de désirs, cette puissance en moi de jouir, de penser, cette force d'exister, c'est-à-dire de vivre et d'agir. » (A, p. 78)

Le flux des désirs

Les animaux ne connaissent pas de désirs semblables aux nôtres dans le sens où leurs activités visent essentiellement à satisfaire leurs besoins et où ils ne visent rien au-delà. Dès le moment où les besoins du jour sont satisfaits, pourquoi désirer plus ou mieux ? Il n'en va (hélas ou heureusement) pas de même pour nous dès le moment où, par le fait de l'inconscient, de la conscience, de la mémoire et de l'imaginaire, la qualité de nos vies dépend en grande partie de la relation que nous entretenons avec nos désirs.

Dans sa conception restrictive, la notion de désir est liée au vécu d'un manque, d'une limite, d'une frustration. Dans sa conception dynamique, elle est liée à une force vitale qui nous anime et nous projette vers l'avant. Les désirs qui vont et viennent sont autant de moteurs du moi, de ses mouvements, de ses joies, de ses peines, de ses passions, de ses rêves. Au niveau individuel, rien de durable, rien de fécond ou de généreux ne se crée finalement en dehors du désir, en dehors d'une certaine forme d'égoïsme qui pousse la personne à rechercher, à partir de sa nature à la fois centripète et centrifuge, ce qui lui procure en alternance le plaisir solitaire et social de vivre.

L'égoïsme primaire qui nous pousse à rechercher la satisfaction de nos besoins et de nos propres désirs est un fait de notre nature. Il est un incitant naturel et, dans une certaine mesure, une force positive. C'est à partir de lui que se façonne la part individuelle de notre conscience morale.

Puisque nous ne pouvons choisir nos désirs, la raison devrait en principe nous inciter à les gérer, à les contenir et à privilégier ceux qui seraient susceptibles de procurer un maximum de satisfaction à notre vie considérée avec sagesse comme un tout. Dans les faits, la réalité est tout autre tant la place de la raison est limitée par la force des instincts et des désirs qui s'imposent à nous.

Dans son ensemble et pour l'essentiel, la conduite de l'homme n'est pas guidée par sa raison qui, au-delà des apparences, n'influence que très partiellement ses actions. Le plus souvent, comme l'animal, celui-ci agit par instinct, par impulsion, par habitude. La réflexion et la raison n'interviennent que par intermittence en fonction des circonstances. L'expérience montre que la raison incite moins les individus à agir qu'à rationaliser leurs actions a posteriori. Ainsi, par exemple, une action peut être qualifiée de vertueuse, comme celle de s'exposer pour porter secours à une personne en danger, alors qu'elle ne constituait au moment même qu'une réponse instinctive, spontanée et non réfléchie au spectacle du malheur d'une autre personne.

Parmi les désirs qui se bousculent sans discipline dans nos têtes, il y a ceux qui stimulent, qui poussent à créer, à évoluer, à grandir, à s'inventer, et ceux qui encombrent l'esprit, le rongent, l'épuisent et le paralysent parfois. Parmi les désirs encombrants, il y a notamment ceux qui, puisant leur origine dans un passé insatisfaisant, dans une souffrance, dans un échec, révèlent une difficulté ou un refus d'ouvrir les yeux, de s'adapter, d'accueillir et d'affronter les choses telles qu'elles sont. De tels désirs invitent qui les entretient à interpréter la vie, à la rêver ou à la fuir.

Les désirs nous épuisent lorsqu'ils tournent en rond. Il en va ainsi de l'imaginaire de la vie sexuelle lorsqu'il envahit l'esprit plus qu'il n'épanouit le corps et l'être tout entier ou lorsqu'il est perturbé par des manœuvres de l'inconscient qui abîment l'amour.

Alors que notre sexualité aurait pu n'être qu'une fonction vitale, la Nature a partiellement déconnecté celle-ci des cycles de reproduction et a ainsi conféré une valeur toute particulière aux relations sexuelles au-delà de leur part instinctive. Intime, la relation sexuelle peut être le lieu d'une rencontre, d'un partage, d'une forme privilégiée de langage. Un lieu unique, essentiel et fragile où l'affection a la possibilité d'apprendre à marcher, à parler, à respecter les attentes, les manques et les silences. Un lieu privilégié où l'amour de la relation peut se convertir lentement en une relation d'amour.

Dans les relations humaines, le sain ne repose pas sur l'absence de désir. Il passe par le fait de vivre le désir libéré de ce qui humilie ou avilit, de ce qui profane, de ce qui abaisse, de ce qui est sans considération, sans douceur, sans égard. Il est des désirs qui illuminent la vie et procurent un plaisir auquel rien ne manque. Le contact intime avec la Nature, le jeu, le sport, l'image, la lecture, la musique, l'écriture, la peinture, la sculpture, la danse, peuvent combler tout autre chose qu'un besoin fondamental comme celui de respirer, de boire, de manger, d'agir, de s'abriter, de dormir.

Quand il nous touche en profondeur, ce que nous trouvons beau nous prend tout entier, nous procure un plaisir sans borne qui n'a d'autre horizon que lui-même. Nous sommes dedans, jouissons d'être et de nous élever avec lui. Plaisir de l'intérieur qui saisit notre être et le comble. Sentiment de plénitude qui n'engendre ni orgasme ni satiété.

« Le désir est l'effort de vivre (ou la force d'exister : vis existential), dans la multiplicité indéfinie, variable et contradictoire de ses manifestations. Il est donc l'essence même de l'homme, en tant que celui-ci veut persévérer

dans son être, c'est-à-dire vivre et rester homme. » (A, p. 59)

« Le désir de sécurité, dont la satisfaction conditionne celle de tous les autres, ne peut, quant à lui, se satisfaire (réussir) qu'en soumettant (dans le cadre d'une collectivité humaine) les autres désirs à l'efficace de la raison. » (A, p. 166)

« L'image, la musique, le poème ... ne comblent aucun besoin, n'annulent aucune force. Le désir qui s'y complaît n'éprouve aucun orgasme, nulle satiété, nulle mort. » (A, p. 244)

« Le désir le plus fort l'emporte, à chaque instant, et c'est ce que nous appelons volonté. Vouloir, c'est désirer en acte, et cet acte même. » (B, p. 82)

« La moralité naît donc bien d'un désir en lui-même amoral (la recherche pour chacun de son bien, c'est-à-dire de « l'utile propre », mais qui devient moral, et la moralité même, dans la mesure où, pour pouvoir se satisfaire (individuellement) et se renforcer (par imitation), il se

soumet aux exigences bienfaisantes (pour chacun) et communes (à tous) de la raison. » (B, p. 104)

Une vie de choix

Nos activités quotidiennes sont parsemées d'une série de réactions et de gestes automatiques, instinctifs, grégaires, réflexes, routiniers, qui ne demandent aucune attention particulière, aucune conscience réfléchie, aucune initiative personnelle. Elles sont l'occasion d'une multitude de micro-choix qui se dessinent dans le feu de l'action et parfois dans l'urgence, des choix qui ne laissent bien souvent qu'une place toute relative à la réflexion et à la raison et qui sont généralement accompagnés de pensées simples, sommaires, mouvantes.

Nombre de nos gestes et de nos actes ne découlent pas d'un libre arbitre ou d'une conscience en éveil, mais procèdent avant tout de l'action conjointe d'une myriade de neurones qui, à l'aide de logiciels connectés aux résidus de nos expériences passées, calculent des probabilités en une fraction de seconde, envoient des signaux et engendrent un flot de micro-émotions qui sont nos premières conseillères.

Nous sommes dotés d'une volonté propre et particulière qui est celle d'un être sensible, d'un être de chair et de sang qui est centré sur ses besoins propres, qui est à la fois individualiste et social et qui est naturellement enclin à rechercher ce qui a les apparences du bonheur. Cette volonté, qui laisse une place relative au bon sens et à la raison et qui s'exprime souvent dans l'urgence, fait inlassablement des arbitrages entre les intérêts personnels et les attentions nécessaires à autrui et à la vie sociale.

Nous surestimons naturellement l'emprise de notre volonté alors qu'elle a bien peu d'autonomie, alors qu'elle est influencée par la présence d'autrui et par l'interaction d'une multitude de sensations agréables ou désagréables, d'un flux d'images, d'impressions, de réactions instinctives, de clichés, de préjugés, d'idées qui se bousculent dans nos têtes, alors qu'elle est soumise à la fois aux forces du dedans et à des pressions sociales (modes, publicités, regards d'autrui, etc.).

Nous nous croyons libres et autonomes et croyons choisir alors que nous ignorons généralement les causes profondes de nos pensées, de nos choix, de nos actions. Notre volonté est en fait déterminée par un enchaînement de causes dont nous n'avons qu'une connaissance toute partielle et, contrairement à ce qu'elle voudrait nous faire croire, elle n'est pas une faculté propre, mais à chaque instant une action qui résulte de notre histoire consciente et inconsciente, de notre état du moment, des circonstances et des réalités qui nous enserrent. L'expérience montre en outre que, malgré les connaissances qui sont à notre disposition, nombre de nos choix s'accommodent d'informations partielles ou incorrectes.

Notre cerveau interprète en permanence notre environnement et est amené des milliers de fois par jour à inspirer le geste à poser, le chemin à suivre, le comportement qui convient. Les évaluations morales qui accompagnent nombre de nos choix sont généralement fondées sur des intuitions automatiques, rapides et inconscientes, plus que sur une réflexion personnelle, cette dernière étant alors régulièrement reléguée au rang de justification a posteriori.

Nos délibérations et les justifications qui accompagnent nos choix existentiels n'ont qu'une part rationnelle étant donné qu'elles s'élaborent dans un être de chair qui est soumis à de multiples pressions. Si l'on venait à décréter que nous ne pouvons être tenus pour responsables que des actes que nous avons clairement voulus et que nous aurions décidés librement et consciemment, de quoi resterions-nous finalement responsables ?

Vouloir, c'est désirer en acte et décider, ici et maintenant et c'est bien souvent céder au désir qui s'avère le plus fort. Peut-on vraiment parler de volonté libre lorsqu'il s'agit avant tout de contenir tant ses instincts que ses désirs et de faire face en même temps aux pressions de son environnement ? A la réflexion, cette dernière question apparaît tout à fait secondaire du fait que l'absence de libre-arbitre ne justifie rien et que le jeu des forces intérieures et des influences externes n'enlève rien au rôle central de la volonté personnelle au travers de laquelle nos désirs s'expriment finalement comme ils le peuvent.

En théorie, puisqu'il s'agit de notre intérêt propre et que la raison est censée nous y pousser, nous devrions naturellement vouloir et choisir le bon et le bien. Qu'est-ce qui fait alors que nous sommes capables de penser de façon généreuse et en même temps d'agir malgré tout d'une manière subitement intéressée ? Qu'est-ce qui fait que nous pouvons aspirer sincèrement à l'égalité, à la justice et en même temps consentir à d'injustes inégalités et nous accommoder de comportements profondément individualistes ? Quelles forces obscures peuvent-elles bien nous pousser à ne pas tirer automatiquement des conclusions pratiques de ce que nous savons clairement et nous inciter plutôt à ne pas poser nécessairement les actes adéquats que le bon sens nous recommande ?

La cohérence n'est pas le premier souci de la personne qui s'affaire à vivre, surtout lorsqu'elle vit un conflit ou une compétition. Et même lorsque celle-ci est animée par une volonté théorique de cohérence, elle est contrainte de reconnaître au pied du mur que, lorsqu'il s'agit de procéder à des choix délicats ou plus simplement de décider, il y a bien peu d'engagements sans quelque repli sur soi, sans coups de coude, sans stratégie.

Le comportement d'un animal est prévisible dans le sens où il est conforme à ses tendances naturelles alors que, du fait que nous avons la faculté d'user d'une relative liberté d'action, il n'existe pas de rapports de cause à effet ou de rapports logiques nécessaires entre ce que notre nature d'être sociétal et la raison nous suggèrent et ce que nous en faisons, entre ce que nous croyons vouloir et nos actions.

La question de la liberté individuelle, qui a partie liée avec celle du libre-arbitre, donne souvent lieu à des débats sans grand intérêt, pour ne pas dire inintéressants. Il en va ainsi lorsque nous choisissons d'invoquer cette dernière pour tenter de légitimer nos comportements. Dans ce cadre, la question toute théorique de la liberté se confond régulièrement avec une question pratique de licences, de possibilités de faire ce que l'on croit vouloir, quand on le veut et comme on l'entend.

La théorie selon laquelle chaque personne peut légitimement exercer sa liberté individuelle comme bon lui semble pour autant qu'elle ne nuise pas à autrui m'apparaît insatisfaisante et même inefficace dans la mesure où elle ne tient pas compte de la diversité et de la réelle complexité des relations humaines qui font qu'il ne saurait y avoir de consensus raisonnable quant aux notions de liberté individuelle et de non-nuisance.

L'idée de liberté est inextricablement liée à celle de responsabilité, autrement dit c'est parce que nous sommes libres que nous sommes responsables. La liberté personnelle ne se confond pas avec une simple question de territoires, de frontières à respecter ou à faire respecter, de limites à ne pas dépasser. Elle peut se faire obligeante et se concilier avec une certaine forme d'observance, de soumission. Ainsi, une soumission raisonnée et raisonnable à la demande de l'autre, à ses besoins et à ses désirs, à la loi, à la coutume, aux règles de vie sociale peut s'accompagner d'une réelle liberté d'esprit. Sans un certain degré d'obéissance, sans une certaine obligeance, sans renonciation à certaines formes illusoires de liberté, il n'y aurait d'ailleurs aucun ordre public possible, aucune justice digne de ce nom, aucune véritable vie sociale ni finalement aucune liberté.

Agir et affronter restent nos vérités premières. Au gré des situations et des circonstances, chaque personne est contrainte de s'exposer, de choisir son camp, ses camps. Contrainte de choisir, alors même qu'aucun choix n'est vraiment libre et que la vérité n'est d'aucun camp.

« La vertu, c'est assez clair, est affaire de volonté : on ne ment pas, on ne vole pas, on ne fuit pas sans le vouloir ; est sincère donc qui le veut, honnête qui le veut, courageux qui le veut. Mais volonté n'est pas libre-arbitre. On ment, on vole, on fuit volontairement, certes, mais aussi déterminé par ce qu'on est, qui est le résultat de ce qu'on fut, fît ou subit. La volonté est ainsi l'effet, non la cause, de mon être, tel qu'il résulte à chaque instant, de la totalité de mon histoire, consciente ou inconsciente » (B, p. 74)

« C'est parce que toute volition est déterminée (par des causes) plutôt que voulue (par une autre volition) qu'on peut vouloir : la volonté n'est pas une faculté mais, à chaque fois, une action. » (B, p. 143)

Des visions hétéroclites

Rien ne permet d'affirmer que le vaste Univers qui nous héberge soit l'expression d'une volonté particulière ou qu'il ait une quelconque finalité. Celui-ci semble indifférent à l'égard de nos plaisirs et de nos douleurs, de nos joies et de nos peines et tout autant à l'égard de nos perceptions du bien et du mal. Même s'il englobe l'humain, il n'est pas humain. Se contentant d'être, il se donne à connaître et ne demande pas qu'on l'interprète. En lui-même, il n'est ni bon ni mauvais, ni beau ni laid, ni juste ni injuste.

Pour ce qui est de l'Univers et de notre planète en particulier, nombreux sont ceux qui pensent qu'il n'y a pas de sens métaphysique ni de signification première à rechercher. Jusqu'à preuve du contraire, depuis sa lointaine émergence, la vie irait de l'avant, sans objectif particulier et sans se retourner sur ce qu'elle a semé, sur ce qu'elle laisse sur son passage.

Ce qui est vrai pour l'infiniment grand peut l'être pour l'infiniment petit. Un même événement peut être lu très différemment, être accueilli et assumé comme un simple fait, comme un hasard heureux ou malheureux ou être présenté comme un prétendu signe du destin. Ainsi, la chute d'une pierre peut être perçue différemment suivant qu'elle brise, blesse, tue ou ne cause aucun dommage.

Le fait que la Nature a d'elle-même engendré et intégré les espèces humaines dont l'homo sapiens rend l'approche plus complexe dans la mesure où, grâce aux capacités dont ils ont hérité, les hommes ont des projets, des objectifs, procèdent à des évaluations de leurs actions et s'interrogent sur l'existence et sur les sens qu'ils pourraient donner à leur vie.

Chaque personne a sa propre perception de l'univers, une perception d'autant plus particulière et subjective que ce dernier n'a pas de sens universel à offrir. Ce qui fait la différence, ce sont notamment les tempéraments, les interprétations, les imaginaires collectifs et personnels qui, eux-mêmes, font partie intégrante du réel.

La conscience humaine, qui a lentement émergé de la conscience animale qui reste inscrite en elle, ne permet qu'une connaissance toute partielle. Elle n'est pas le centre de gravité et n'est pas seule aux commandes. Partie d'un tout qui la dépasse, elle peut être considérée comme la face apparente d'un iceberg. Le flux de la conscience individuelle qui permet les expériences subjectives passe par le corps-esprit, par les messages du cerveau, par les perceptions et les émotions, par les réactions de plaisir et de douleur, par les sentiments, par les pensées et les raisonnements. Forme de présence particulière aux choses, aux êtres et à elle-même, la conscience n'est ni bonne ni mauvaise mais est d'abord un fait.

Les causes les plus ordinaires de nos actions sont à rechercher ailleurs que dans la conscience qui généralement se développe sur fond d'éléments inconscients. La conscience, qui n'est qu'une modeste fonction parmi d'autres, est généralement un chouia en retard par rapport aux mouvements de ce à quoi elle s'intéresse. Elle est subjective et sélective, là où en théorie une véritable présence impliquerait une attention sans intention, une pleine conscience en perpétuel éveil, une prise en considération globale de la Nature, de soi et d'autrui.

Il ne peut ni ne pourrait y avoir de représentation objective des choses puisque toute perception se définit par rapport à un point de repère et qu'il ne peut y avoir de point de repère sans point de vue subjectif de l'individu. La réalité s'accommode ainsi de visions différentes sur elle-même, chaque personne regardant et vivant celle-ci à partir de sa propre situation, de sa propre histoire, de sa sensibilité, de ses intérêts et de son état du moment.

Les difficultés de la politique et de la morale sont en partie liées au fait que les intérêts et les valeurs des uns et des autres sont hétéroclites, qu'ils se contredisent facilement et se concilient difficilement, et au fait que tous les hommes ne regardent pas et ne regarderont jamais ensemble dans la même direction.

« La vérité n'est d'aucun camp, pas même du camp de ceux qui aiment la vérité. » (A, p. 45)

La vérité des illusions

Pour assurer les liens sociaux, favoriser les coopérations nécessaires et cimenter leur organisation, nos sociétés véhiculent des mythes, des légendes, des croyances, des discours, des récits, des idéologies qui mobilisent et s'incrustent peu ou prou dans les esprits. Elles déploient des drapeaux, brandissent des étendards, s'agrippent à des symboles, racontent et s'inventent des histoires et des imaginaires collectifs. Les idées et les valeurs ainsi propagées incitent leurs membres à penser d'une certaine façon, à vouloir certaines choses et, en fin de compte, les poussent à se soumettre à la hiérarchie et à se conformer aux normes ambiantes.

De nombreuses croyances qui se sont accumulées et qui se sont le cas échéant enfouies en nous influencent les regards que nous portons sur les choses de la vie. Agissant comme des filtres qui ne sélectionnent qu'une partie du réel, elles nous amènent bien souvent à privilégier les éléments qui vont dans le sens de ce que nous croyons et qui nous poussent, par une forme d'autosuggestion, à renforcer la perception que nous avons de la réalité.

Notre imagination n'apprécie pas les grandes questions qui restent sans réponse et les silences qu'elle ressent comme des vides à combler. Ainsi pouvons-nous éprouver le désir de donner un sens à l'histoire, tout en sachant confusément que cette histoire qui s'adapte et évolue sans cesse n'a pas de projets propres et n'avance jamais que vers elle-même.

La vie perd de son sang, de son sel, de son suc lorsqu'elle n'a pas foi en elle-même. Toute personne, tout groupe, toute société a naturellement besoin de croire en la vie malgré tout ce que celle-ci charrie. Ce récurrent besoin de croire est naturel et reste sain tant qu'il ne se voile pas la face. Nous ne devenons véritablement la proie de nos croyances que lorsque ces dernières sont délibérément placées par-dessus le réel.

Nos pérégrinations sont parsemées de mots et de pensées qui aident à traverser l'ordinaire, qui tracent des sentiers vers les sommets, qui creusent des tranchées et déjouent les pièges tissés par nos angoisses, par nos instants d'exaltation ou de désespoir. Des pensées qui peuvent être vitales et qui font partie du vrai de la vie même lorsqu'elles constituent des illusions qui dérivent de nos désirs. Prescrites à doses raisonnées par le bon sens, nombre d'illusions sont tonifiantes et peuvent même être salutaires : la fiction du libre-arbitre, la sensation d'une certaine maîtrise de soi, la conviction d'occuper une place unique et utile, la croyance en un progrès de l'histoire, etc.

Par-delà les incertitudes et la réalité des illusions, il importe de rechercher la vérité de la vie, de la rechercher encore et toujours alors que celle-ci brille par son absence, alors même que la démarche de la personne qui tente de se dégager des illusions qu'elle se fait sur elle-même et sur les autres, et qui s'efforce d'accueillir la vie sans l'interpréter, ne rassure pas, ne console pas, ne justifie rien.

Nous restons irrémédiablement séparés du réel par des pensées, par des préjugés, par des interprétations, par des raisonnements faisant office d'explications ou de justifications. C'est dans ce cadre complexe que nous est offerte la possibilité d'en accueillir les multiples facettes avec un maximum de lucidité.

« L'illusion a sa vérité aussi, qui est d'être réelle et nécessaire. » (A, p. 49)

« Car si l'on ne peut pas vivre sans illusions, on peut penser sans mystifications. Mystifié n'est pas qui a des illusions (nous en avons tous), mais qui se fait des illusions sur ses illusions. Se démystifier de ses illusions n'est pas les perdre – on ne le pourrait d'ailleurs, ou ce serait pour retomber aussitôt dans d'autres-, mais les penser comme illusions. » (A, p. 151)

« L'imagination a horreur du vide ; comme un liquide, elle occupe toujours tout l'espace disponible : le sens s'engouffre dès que le savoir cesse. Ignorant les causes d'un fait, nous en cherchons le sens dans une volonté qui l'explique. » (B, p. 155)

« Les fleuves ne vont-ils pas vers la mer ? C'est bien sûr une illusion (les fleuves ne font

jamais, ici et maintenant, que suivre la pente). »
(B, p. 230)

« *Le sage n'attend rien, mais il est attentif. Il ne cherche rien, mais il est disponible. Il n'espère rien, mais il aime.* » *(B, p. 250)*

Le désespoir et la foi

Les lois physiques et biologiques demeurent alors qu'au sein du vivant tout change, passe et finit par disparaître. Au quotidien et plus encore dans les épreuves, il apparaît difficile d'accepter et surtout d'apprécier le silence d'un monde qui apparaît sans véritable promesse et sans réel réconfort. Mystère vivant, la mort est partout présente au-dedans de la vie, tant dans nombre de faits ordinaires que dans des événements extrêmes. Limite suprême, celle-ci donne une portée particulière à toutes les autres auxquelles nous nous heurtons inexorablement. Elle consacre le fait que nous ne pourrons jamais aller au bout de nous-mêmes, au bout de nos relations les plus profondes, au bout même de l'amour.

L'angoisse peut s'avérer telle que, depuis toujours, les sociétés humaines sont à la recherche d'idées et de représentations qui rendent la vie supportable et la perspective de la mort tolérable. Ainsi, nombreuses sont les personnes qui recherchent un sens caché et qui éprouvent la nécessité de croire à l'existence d'un au-delà d'elles-mêmes, d'un transfert de conscience, d'un au-delà de la mort, d'une vie au-delà de la vie ou même d'une forme de de réincarnation.

Face au silence de la Nature, aux périls de la vie, aux intolérables injustices, aux famines, aux épidémies, à la barbarie, aux violences, aux souffrances, à l'incertitude et à la mort, de nombreux hommes sont taraudés par un désir de sens et par des inquiétudes existentielles. L'absence de sens premier et la complexité du réel peuvent alors être vécues comme un vide qu'il importe de combler. Un vide qui, tant au niveau individuel que collectif, incite à rechercher et si nécessaire à créer un au-delà du réel qui explique, juge et par-là rassure.

Toute religion repose plus ou moins sur l'idée de création, d'espérance, de providence, de miracle, de lien entre la terre et une divinité, sur la croyance en l'existence d'un ordre suprahumain. Au travers des siècles, l'impossibilité de se libérer totalement de l'angoisse fondamentale qui s'attache à la finitude et à l'incertitude de la condition humaine a confusément fait le succès de religions qui rassurent et réconfortent leurs adeptes, qui les invitent à communier entre eux, à adhérer à des croyances, à se conformer à des commandements et à découvrir, au-delà du réel, le sens caché et le fondement de valeurs communes.

Qu'elle soit présentée ou perçue comme le fruit d'une révélation divine ou d'une création humaine ou des deux à la fois, toute religion qui se respecte a en principe pour vocation première de donner sens à la vie tout entière et à l'au-delà de celle-ci. C'est pour ce faire qu'elle proclame la parole d'une divinité et interprète aussi ses silences.

Pour André Comte-Sponville qui ne sait pas s'il existe un Dieu, la foi n'est pas un savoir, mais une croyance qui place l'espérance plus haut que la réalité, plus haut que la vérité.

Quelle que soit son fondement, la foi mérite le respect dès lors qu'elle est ouverte et qu'elle n'est pas dogmatique. Elle m'apparaît plus respectable encore lorsqu'elle n'est pas perçue comme un guide suprême, comme un gouvernail ou un moteur, mais plutôt, pour qui choisit de l'accrocher au mât, comme une voile parmi d'autres.

« *Dieu est le sens du monde ou de la vie, parce qu'il est ce qui manque, souverainement.* » *(B, p. 187)*

« *Force nous est de constater qu'on ne connaît pas de grande civilisation sans mythes, sans rites, sans sacré, sans croyances en certaines forces invisibles ou surnaturelles, bref sans religion, au sens large ou étymologique du terme.* » *(C, p. 24)*

« *Je ne sais pas si Dieu existe, mais je sais que je crois qu'il n'existe pas.* » *(C, p. 86)*

« *Nul, s'agissant de Dieu, ne dispose d'un savoir véritable. C'est ce qui nous voue aux guerres de religions ou à la tolérance, selon que la passion ou la lucidité l'emporte.* » *(C, p. 85)*

Qui crée Qui ?

La recherche des origines de l'Univers, l'étude de ses évolutions et l'observation des éléments qui le composent laissent apparaître que celui-ci est régi par des lois physiques, chimiques et biologiques d'une sidérante précision mathématique qui, sans intervention apparente de volontés naturelles ou surnaturelles, conditionnent la vie matérielle des espèces et des individus.

La simplicité et à la fois la complexité extrême de ces lois fondamentales donnent naturellement à penser que les évolutions successives que l'Univers a subies pourraient ne pas être le simple résultat d'un enchaînement de causes hasardeuses. Dans ce contexte, il est compréhensible et respectable que de très nombreuses personnes croient que l'avènement et le développement progressif de la vie et l'avènement de différentes formes de conscience ont été rendus possibles du fait d'un Esprit préexistant qui a pensé ces lois, par l'intervention d'un Être supérieur qui fut-est-et-sera infiniment présent au monde et à sa destinée. D'aucunes considèrent en revanche que les prodigieuses évolutions de l'Univers sont liées à d'ingénieux bricolages élaborés par la Nature à l'aide de matériaux à sa disposition, en fonction des nécessités et des contraintes ambiantes.[3]

Les approches mythiques et religieuses pour tenter de faire face aux mystères de la vie et aux caprices des phénomènes naturels font partie des premières manifestations de l'intelligence humaine. Partant de là, il m'apparaît raisonnable de considérer et de respecter le fait que les humains ont créé des divinités, des religions et des croyances à leur convenance avec le désir plus ou moins conscient de rendre la vie supportable et de lui donner sens au niveau de la connaissance et de l'action, tant pour le présent que pour l'avenir en ce compris l'au-delà de la mort. Il en va ainsi du mythe de la création et de la croyance selon laquelle chaque homme et chaque femme recélerait une âme unique qui serait son vrai moi, une âme immuable et éternelle qui se distingue du corps qu'elle habite, alors même que

---

[3] *Le jeu des possibles*, Essai sur la diversité du vivant, François Jacob, Fayard, 1981.

ce mythe et cette croyance apparaissent contraires aux réalités mises en lumière par la théorie de l'évolution et les connaissances scientifiques concernant le fonctionnement de nos cerveaux.

L'origine de ces divines créations semble directement liée au désir paradoxal qu'a l'homme d'une explication, d'un Être qui le dépasse, mais aussi d'un Être qui l'écoute, le console, le rassure et lui annonce la satisfaction de ses besoins essentiels sur terre ou à défaut dans l'au-delà de la vie. Les inquiétudes trouvent alors à s'apaiser à la pensée du règne bienveillant d'une force surnaturelle qui institue un ordre moral dans l'univers.

La question de savoir « qui aurait créé qui ? » m'apparaît seconde et même secondaire du fait que la vie est foncièrement féconde et que bien souvent le créé crée à son tour. Ce qui importe finalement, ce n'est pas la préexistence ou non de divinités ni l'origine des religions qui sont faites de croyances, de dogmes, de pratiques et de rites divers, c'est ce que celles-ci apportent, ce qu'elles inculquent et engendrent surabondamment, c'est en fin de compte ce qu'elles valent. Qu'elle officie dans le domaine privé ou qu'elle s'évertue à jouer d'influence dans la sphère publique, une religion peut dire qu'elle vaut pleinement à proportion des manières diverses dont, en son sein et hors de ses murs, elle s'applique à favoriser le respect, à rapprocher, à rassembler, à relier, à réunir.

Sans vouloir minimiser leur incroyable importance et leur réelle utilité, il me paraît sain et nécessaire de considérer les religions, ainsi que les institutions qui les accompagnent et durent avec elles, comme des phénomènes et des édifications liés à l'aventure humaine. Que de grandes religions aient promu des valeurs communes et qu'elles aient édicté des règles morales qui ont été déterminantes pour le développement de la plupart des grandes civilisations actuelles n'enlève rien au fait que celles-ci sont tout à fait récentes au regard de l'histoire de l'univers et qu'elles ont évolué dans des contextes culturels particuliers. En saine logique, les révélations et les (bonnes) nouvelles qu'elles proposent peuvent difficilement être présentées avec effet rétroactif comme les fondements et la vérité originelle du fait moral mais doivent plutôt être raisonnablement considérées comme autant de réponses historiques à de puissants désirs collectifs d'ordre social et de moralisation.

Le fait moral précède et absorbe le fait religieux qui n'a fort heureusement pas pour vocation de s'occuper de tout. Avoir ou non une foi, cela ne dispense en aucun cas d'exercer le dur métier de vivre, de rechercher pas à pas des réponses incertaines et imparfaites aux grandes questions existentielles. Les choix religieux, comme les choix politiques, constituent des choix moraux.

Les humains éprouvent naturellement le besoin de croire en la vie, durablement et au-delà d'eux-mêmes. Dès le moment où leurs démarches sont saines, il importe peu que celles-ci empruntent ou non des chemins empreints de foi religieuse. L'homo sapiens étant apparu sur terre il y a bien plus de 100.000 ans, la logique et la sagesse n'imposerait-elle pas de rechercher les sources originelles de nos morales en amont des monothéismes, des grandes religions et des grandes philosophies qui ont émergé récemment et ont connu des évolutions diverses, leurs apports très importants constituant des contributions historiques parmi d'autres ?

Par considération pour ceux qui n'ont pas connu « les religions du Livre », par attention pour ceux qui n'ont pas connu ou ne connaissent pas de religion, par respect pour ceux qui ont choisi de vivre sans foi religieuse, mais encore par absolu bon sens, je propose de penser symboliquement le fait moral comme préalable à toutes les religions et de situer celles-ci dans un ensemble qui les dépasse.

« Ce qui relie les croyants entre eux, d'un point de vue d'observateur extérieur, ce n'est pas Dieu, dont l'existence est douteuse, c'est qu'ils communient dans une même foi. Tel est d'ailleurs, selon Durkheim et la plupart des sociologues, le vrai contenu de la religion, ou sa principale fonction : elle favorise la cohésion sociale en renforçant la communion des consciences et l'adhésion aux règles d'un groupe. » (C, p. 26)

« Sur toutes les grandes questions morales et sauf pour les intégristes, croire ou pas en Dieu ne change rien d'essentiel. Que vous ayez ou non une religion, cela ne vous dispense pas de respecter l'autre, sa vie, sa liberté, sa dignité ; cela n'annule pas la supériorité de l'amour sur la haine, de la générosité sur l'égoïsme, de la justice sur l'injustice. Que les religions nous aient aidé à le comprendre, cela fait partie de leur apport historique, qui fut grand. Cela ne signifie pas qu'elles y suffisent ou qu'elles en aient le monopole. » (C, p. 56)

Le propos de cet essai

Nos morales, qui ont une base biologique, psychologique et sociale, sont directement subordonnées aux ressources matérielles et humaines disponibles, aux contraintes du milieu, à tout ce qui influe sur notre activité mentale et nos comportements.

En son sens commun, la notion de morale renvoie en premier lieu à l'idée d'un contrôle social, à l'existence de principes généraux, de règles de conduite et de simples recommandations. A la marge, elle s'applique à des comportements courageux et honorables qui révèlent les qualités d'êtres d'exception. Plutôt que de morale en général, nous parlerons du fait moral qui est lié à la vie sociale et qui dépasse largement les morales particulières et la question du bien et du mal ?

Il importe également de faire une distinction claire et nette entre d'un côté les réalités de nos morales particulières qui ont leurs impératifs ainsi que leurs contraintes et, de l'autre, la difficulté de mettre des mots justes sur ce qui, idéalement et par-delà les intérêts particuliers, pourrait être considéré comme moral.

Toutes les morales ne sont pas morales au sens où de toute évidence, comme il en va des civilisations et des cultures, elles n'ont pas les mêmes valeurs et ne se valent pas. C'est dans ce cadre qu'interviennent les jugements moraux qui, tant sur le plan collectif qu'au niveau individuel, ont partie liée avec la très délicate question du bien et du mal, du bon et du mauvais, de l'utile et du nuisible.

La *morale sociétale* porte sur les valeurs partagées au sein d'une société conçue dans sa globalité et sur les règles juridiques et autres qui sont liées à son organisation et à son fonctionnement alors que, dans un autre registre, la *morale collective* est plus spécifiquement liée à l'appartenance à une association, à un groupe, à une communauté ou à une collectivité. La distinction entre les morales sociétales et les morales collectives est néanmoins impossible à tracer au scalpel dans la mesure où elles ont eu de longue date la bonne idée de s'interpénétrer et où ensemble elles forment pour les individus le socle de la morale au sens général du terme.

La *morale individuelle* est la morale ordinaire que l'individu confronté aux contraintes de la vie quotidienne reçoit et se forge. Adossée à celle-ci, la *moralité* a quelque chose d'unique en ce qu'elle résulte de choix intimes lorsque, par-delà influences et intérêts, nous nous efforçons de voir clair et d'agir en conséquence.

Les morales traditionnelles offrent les apparences de forteresses, de remparts, de boucliers alors qu'elles ont paradoxalement leurs contradictions, leurs faiblesses, leurs fragilités. L'histoire universelle montre à l'envi combien, lorsqu'elles se laissent surprendre par des vents contraires, des convictions et des morales empreintes de tolérance, d'années d'éducation à une maîtrise de soi et au respect d'autrui peuvent être balayées comme un château de cartes.

Le propos de cet essai est d'étudier globalement le phénomène de la morale dans ses dimensions tant collectives qu'individuelles et d'en dépasser le cadre afin d'approcher de l'intérieur la situation de l'être qui est confronté aux conflits de valeurs, aux difficultés de communication, aux contraintes de la vie sociale, aux inégalités injustes et, en bout de course, à la question du sens et en seconde ligne à celle du bonheur.

Dans ce cadre, plutôt que de définir d'emblée le bonheur comme un but à atteindre, je choisis de considérer sa recherche comme un simple ressort de l'activité humaine en raison du fait que le concept de bonheur est indéterminé et que le bonheur, qui peut être lié à un événement, à une sensation, à un sentiment, n'est en fait qu'un état dont chaque personne a sa propre perception.

Mon aspiration secrète est de favoriser la recherche d'une moralité personnelle, simple, positive et dynamique ; la recherche d'une moralité à construire qui soit faite de travail sur soi et d'obligeance ; la recherche d'une moralité qui soit le degré-vérité de la conscience morale.

La moralité consacre une disposition de l'être qui tente d'échapper à la pollution verbale, qui s'invite à dépasser le caractère passionnel de ses préoccupations égocentriques, qui s'applique à n'être égoïste que d'une manière éclairée et raisonnable, qui veille à se penser partie d'un tout et à (se) parler vrai et qui choisisse d'agir ici et maintenant avec la volonté de croire à la possibilité d'un avenir qui puisse naître de ses actes.

Cette démarche suppose la recherche patiente de cohérences simples et concrètes et une volonté de constance. Il n'apparaît néanmoins possible de s'y appliquer de manière persévérante qu'en s'efforçant de lui donner pour complice attentionnée, régulière et fidèle, une spiritualité quotidienne, ordinaire et pragmatique, qui ne soit ni religieuse ni laïque ou alors les deux à la fois.

En amont

La vie s'est très lentement développée et diversifiée sur notre planète durant plusieurs milliards d'années, en ce compris durant les années bissextiles, et a notamment permis l'émergence d'une multitude de créatures sensibles dotées d'instincts sociaux et de sociétés animales structurées de manière complexe.

Le passage de l'animal au primate humain s'est fait sur une très longue période par le biais d'une succession de transformations mineures. L'émergence de l'homo sapiens, qui n'était nullement inscrite dans les astres, fut le fruit d'une évolution graduelle qui aurait pu emprunter d'autres voies et déboucher sur d'autres possibles.

Les conceptions de ce qu'est l'homme et de la place qu'il occupe dans la Nature et dans l'univers ont évolué au cours de l'aventure humaine et restent discutées aujourd'hui. Il en résulte qu'il est difficile voire impossible d'en donner une définition consensuelle. Pour tenter de cerner ce qu'est l'homme, il convient de s'intéresser à ce qu'il garde en commun avec les animaux, plus particulièrement avec les primates, et de rechercher dans un même temps ce qui les distingue clairement. Pour déterminer ce que l'humain aurait de spécifique, il importe de s'interroger sur la part qu'il tient de sa nature et sur celle qu'il tire de sa culture.[4]

D'une manière plus ou moins élaborée, de nombreux animaux ressentent et expriment des émotions et des sentiments qui remplissent des fonctions d'adaptation et de communication dont notamment l'agressivité, l'attachement, l'attirance, la colère, le courage, le dégoût, la douleur, l'excitation sexuelle, l'impatience, la jalousie, la peur, la surprise.

Au cours de ses recherches sur l'évolution de la morale, Frans de Waal a découvert dans la

---

[4] *Le singe en nous*, Frans de Waal, Fayard, 2006 (Psychologue, primatologue et éthologue, cet auteur a observé avec patience et rigueur le comportement des primates, plus spécialement celui des bonobos et des chimpanzés, et en a tiré un enseignement quant aux diverses aptitudes que les humains ont hérité de leurs ancêtres primates).

lignée des mammifères bien des exemples d'animaux sensibles à leurs congénères et réagissant à leurs émotions et à leur détresse, en quelque sorte une amorce de ce que nous appelons l'empathie. Chez nos ancêtres, l'évolution a aussi patiemment enrichi cette capacité à ressentir ce qu'éprouvent les congénères par une aptitude complémentaire à percevoir et à rencontrer leurs besoins et leurs désirs.

Une observation attentive de certaines sociétés animales laisse apparaître que leurs membres ont une propension naturelle à coopérer, à manifester des sentiments sociaux, à agir sur base de réactions spontanées d'approbation ou de rejet et à poser des actes qui pourraient peu ou prou être considérés comme altruistes. Leur vie sociale se nourrit d'un mixte d'affrontements, de compétitions, de collaborations et d'entraides. Certains primates qui évoluent dans des sociétés hiérarchisées, jalonnées d'alliances et de luttes pour le pouvoir, développent en outre des stratégies pour gérer les conflits et apaiser les relations sociales.

Il est permis de considérer que les animaux sociaux sont dotés d'un quasi-sens moral et que nos morales ne seraient pas des créations spécifiques de l'espèce mais plutôt le résultat de très lentes transformations qui ont gravé en nous des réactions instinctives et émotionnelles et nous ont progressivement ouverts à une forme de conscience réfléchie, à la capacité d'imaginer les choses et d'agir sur notre propre destinée.

Le règne animal est animé par une concurrence vitale qui entraîne généralement l'élimination des plus faibles, par un principe dont le maintien pur et simple aurait empêché l'avènement des civilisations humaines. Comment expliquer le fait que l'implacable sélection naturelle a toléré et peut-être même favorisé des formes d'ordre social qui permettent la survie des moins aptes et l'émergence de morales qui s'opposent à l'élimination des plus faibles ?[5]

Nous naissons vierges de tout jugement moral mais façonnés par le fruit d'une longuissime évolution qui fait que nous pouvons progressivement découvrir, expérimenter notre environnement au travers de nos sens et de nos

---

[5] *L'effet Darwin : Sélection naturelle et naissance de la civilisation*, Patrick Tort, Seuil, Coll. Science ouverte, 2008.

émotions, intégrer des conventions, assimiler des règles culturelles et des normes spécifiquement morales avec en prime la capacité de développer une morale propre.

Nous sommes faits d'un mélange inextricable de nature et de culture, d'hérédité et de milieu, d'inscrit et d'acquis, en manière telle qu'il apparaît bien difficile de distinguer finement ce qui est inné de ce qui est finalement acquis au cours d'une existence, bien difficile de déterminer proportionnellement la part que nous tenons et développons à partir de notre héritage biologique et génétique et celle que nous tirons de notre environnement et de notre culture. Ces questions sont rencontrées dans deux livres qui montrent l'importance considérable de la biologie qui nous constitue et à la fois le caractère vital de la philosophie qui nous aide à nous structurer.[6]

Le comportement d'un animal est relativement prévisible étant donné que celui-ci est en

---

[6] *Qu'est-ce que l'homme ?* Sur les fondamentaux de la Biologie et de la Philosophie, Luc Ferry et Jean-Didier Vincent, Éditions Odile Jacob, 2000 ; *L'homme, le bien, le mal*, Axel Kahn et Christian Godin, Pluriel, Éditions Stock, 2008.

quelque sorte dicté par ses gènes, par ses instincts, par un certain apprentissage et par les informations de son milieu, en d'autres mots par sa nature propre. En revanche, les humains qui ont été dotés de réelles capacités d'adaptation et de transformation ont paradoxalement beaucoup de mal à bien gérer leurs désirs, leurs émotions, leurs humeurs et leurs instincts. Plus que de raison, il leur arrive de se quereller, de s'affronter pour des causes qui n'ont pratiquement rien à voir avec leurs besoins fondamentaux.

Ce qui est inné en nous, au-delà du sens moral qui s'est inscrit dans nos gênes, c'est une capacité commune à développer lentement et progressivement une vie sociale et à procéder personnellement et collectivement à des jugements moraux.

Les êtres humains ont biologiquement un intérêt commun à collaborer entre eux dans la mesure où leurs comportements personnels qui ne sont que partiellement programmés par leurs instincts sont indéterminés et clairement fragiles aux emmanchures. Perpétuellement animés par des désirs, ils naissent, demeurent et meurent inachevés, immatures et inaccomplis, en d'autres mots imparfaits et perfectibles par nature. *Inachevés* du fait qu'ils naissent infiniment dépendants et qu'ils n'atteignent l'âge adulte qu'au prix d'un apprentissage aussi long et éprouvant qu'incertain. *Immatures* dès lors que leur maturité est le fruit d'un très lent processus non-linéaire et qu'elle n'est jamais pleinement acquise. *Inaccomplis* dans la mesure où ils ne sont et ne seront jamais aboutis, à la manière de ce livre qui se heurte à l'impossibilité de cerner totalement son objet et d'épuiser son sujet.

L'argile humaine est constituée d'un ensemble inexorable de contraires : le jour et la nuit, la naissance et la mort, la joie et la tristesse, le bonheur et la souffrance. Il existe dans toute vie personnelle une contradiction, une opposition, une force créative, une tension irréductible entre le sauvage et le social, entre le désir et sa négation, entre l'action et le repos, entre le besoin de sécurité et le désir de changement, entre le oui et le non, entre la présence et l'absence, entre l'ouverture aux autres et le repli sur soi, entre le désir de s'affirmer et le besoin de se conformer, entre l'adhésion et le rejet, entre la vie et la mort.

L'homo sapiens célèbre, commerce, conçoit, crée, cuisine, cultive, déconne, dialogue, écrit, envie, imagine, juge, projette, rêve, se souvient, transforme, et plus encore. Capable de collaborer avec de sinistres inconnus, il est doté de capacités d'action et de possibilités d'adaptation et d'organisation collective qui lui permettent de s'affranchir et de créer des réalités entièrement nouvelles. Il est cependant opportuniste et n'hésite pas à coloniser et même à exploiter sans scrupules les animaux et la Nature en général.

Notre espèce qui elle aussi est indéterminée, imparfaite et perfectible, puise sa force dans la capacité de ses membres à collaborer à grande échelle. D'une manière présomptueuse, elle considère qu'elle s'est méritoirement hissée au sommet de la pyramide du vivant et qu'elle a légitimement le droit de dominer son environnement naturel, d'en user et même d'en disposer à sa guise. Dans ses façons de se comporter vis-à-vis des autres êtres vivants et des ressources naturelles, elle est devenue un grand prédateur qui a une fâcheuse propension à considérer la Nature comme une proie, à s'en servir en fonction de ses intérêts immédiats sans trop se préoccuper des conséquences à long terme de ses agissements.

La sélection naturelle a-t-elle conscience d'avoir patiemment bricolé une espèce singulière, à certains égards moins bien programmée que les autres espèces animales, qui est paradoxalement privée des avantages immédiats d'une parfaite adaptation à ses niches écologiques tout en étant finalement dotée de capacités prodigieuses mais aussi, faut-il le dire, de réelles capacités de nuire ?

A la différence des animaux qui vivent au présent, qui ne peuvent imaginer que des choses qui existent vraiment et qui ne sont pas confrontés à la question du bien-fondé de leurs comportements, les humains ont développé une conscience réfléchie des émotions et des sentiments qui les animent et ont découvert les charmes et les vicissitudes des passions, de l'amour et de la haine. Ainsi, de la même manière qu'ils peuvent se donner par générosité ou par amour, ils peuvent, par ignorance, par bêtise, par méchanceté, par haine, perdre pied et commettre des excès allant jusqu'à mettre en péril leur propre survie et celle de leurs congénères. C'est dans sa capacité à prendre le bon, le bien, le mal, le mauvais comme projets que se manifeste le plus sûrement la spécificité de l'espèce humaine.

Le fait moral

Les comportements de tous les êtres sensibles sont prioritairement liés aux besoins de se nourrir, de se dépenser, de se protéger et de se reproduire. A des degrés divers, ceux qui contribuent à la satisfaction de ces besoins essentiels sont soit réflexes, soit plus ou moins inconscients, soit conscients et intentionnels.

Dans les cycles de la vie et de ses chaînes alimentaires, la plupart des espèces animales s'alimentent d'autres espèces et servent de nourriture à d'autres encore. La lutte pour la vie et la survie passe si nécessaire par l'adresse, par la force, par la violence, par la dissimulation, par la ruse. Cette lutte se déroule généralement d'individu à individu. Elle est rarement le fait d'un groupe contre un individu ou d'un groupe contre un autre groupe. En règle générale, les membres d'une espèce se respectent et ne luttent entre eux qu'en cas de nécessité ou de pulsion vitale, notamment pour le partage d'une proie ou sous l'emprise de la jalousie.

A des degrés divers, le vécu de nombre d'espèces animales est fait d'un mixte d'instincts, d'émotions, de sentiments, de relations sociales. L'observation de leurs sociétés et de l'organisation de celles-ci montre l'existence d'instincts sociaux et de formes de collaboration, d'entraide, de domination, de soumission, de récompense, de châtiment. Elle permet également de constater que diverses espèces ont subtilement adopté des stratégies et des rituels qui visent à éviter l'escalade de la violence en leur sein. Peut-on pour autant parler de comportements moraux chez les animaux alors que ceux-ci agissent de manière instinctive et ne coopèrent que de manière limitée ? Peut-on considérer que le comportement des animaux sociaux est lié à l'existence d'un quasi-sens moral dans leur cerveau lorsqu'ils coopèrent et s'entraident ? Autrement dit, peut-on dire qu'ils agissent sur base de motifs moraux ?

Dans un ouvrage consacré à l'origine de la morale humaine et à l'analyse de diverses théories morales, Nicolas Baumard considère qu'il y a lieu de distinguer les comportements prosociaux des animaux et les comportements qui peuvent être qualifiés de moraux en raison du fait qu'ils procèdent de facultés qui sont propres aux humains (culture, empathie, jugement, langage, réflexion, etc.). En développant une meilleure capacité à communiquer entre eux et à comprendre les états mentaux de leurs semblables, en étendant progressivement le domaine de la coopération et de l'entraide, ces derniers ont favorisé une disposition rendant avantageux le fait de se comporter moralement. Couplé à une psychologie intuitive qui l'informe des intérêts en jeu, notre sens moral aurait été sélectionné pour que nous nous comportions moralement vis-à-vis des individus avec lesquels il apparaît avantageux de le faire. Notre sens moral aurait ainsi permis l'émergence de la morale qui a pour fonction première de viser à l'équilibre des intérêts.[7]

Devons-nous pour autant considérer que le comportement des animaux sociaux ne serait pas moral au motif qu'il est purement instinctif alors que le sens moral dont nous nous targuons

---

[7] *Comment nous sommes devenus moraux*, Nicolas Baumard, Une histoire naturelle du bien et du mal, Éditions Odile Jacob, 2010, p. 229-250.

repose en grande partie sur des bases instinctives et inconscientes ? Sur le plan philosophique, il est raisonnable de postuler que l'émergence d'un certain sens moral est largement antérieure à l'apparition et au développement de la conscience et des cultures humaines, plus particulièrement à la question du bien et du mal qui s'est posée tout récemment dans l'histoire de l'univers. Le bon sens permet de considérer que nous avons hérité d'un quasi-sens moral qui s'est affiné et que le fait moral est constitué en premier lieu d'un sens commun lié à notre nature d'être sociétal, c'est-à-dire à notre qualité d'être social censé faire société.

Nous avons spontanément tendance à considérer que, jusqu'au niveau des micro-organismes, la Nature est un champ de bataille où règne une loi de la jungle qui a pour effet mécanique de favoriser la sélection du plus fort. Le point de vue change lorsque l'on s'aperçoit que, déjà dans les domaines végétal et animal, la Nature ne vise pas nécessairement la sélection de l'élément qui semble pouvoir imposer sa force mais permet aussi celle du plus apte.

Peut-on véritablement parler d'une loi de la jungle dans les relations sociales alors que, dans la forêt vierge comme partout ailleurs, la coopération et la solidarité jouent à tout le moins un rôle aussi essentiel que la compétition et l'agressivité ? En fait, une observation attentive de la Nature laisse à penser que, au plus profond de celle-ci, la sélection naturelle favorise, entre espèces et à l'intérieur de celles-ci, les systèmes d'interaction qui sont les plus adaptés au milieu. C'est ainsi que, dans l'ordre du vivant, la collaboration et l'entraide constituent bien souvent une bonne si pas la meilleure stratégie.[8]

Depuis des millions d'années, la Nature existe, fonctionne, évolue et se transforme sans finalité apparente. Elle a tout récemment engendré une espèce qui a découvert progressivement les bienfaits, les risques et les vicissitudes de la conscience, de la pensée, de la raison et qui, livrée à elle-même, s'est créé des règles spécifiques tant au niveau des sociétés diverses que des individus qui constituent celles-ci.

---

[8] *L'Entraide : l'autre loi de la jungle*, Pablo Servigne et Gauthier Chapelle, Editions Les Liens qui Libèrent, 2017.

Avant qu'elle n'engendre cette curieuse espèce, la Nature ne connaissait pratiquement pas les notions d'espace, de temps, de mémoire, de prévision, de liberté, de raison, de bien et de mal. Celles-ci sont apparues par hasard à l'occasion d'un long processus inachevé dans le cadre duquel la nature humaine, tout en gardant en elle des caractéristiques du monde animal, s'est graduellement ouverte à la conscience d'elle-même et de ses environnements.

Au cours de cette longue évolution, les règles purement morales, qui supposent un degré certain d'abstraction et de généralisation, se sont développées petit à petit dans le prolongement d'éléments déjà présents chez les primates comme l'instinct de parenté qui pousse à aider ses proches, comme le respect de la hiérarchie, la préférence pour les membres de son groupe ou encore le rejet de certaines pratiques sexuelles.

Viscéralement, le primate humain a toujours eu besoin d'appartenir à un groupe qui assure sa protection et de contribuer en retour aux intérêts de celui-ci. Dans ce contexte, la Nature a développé des dispositions spontanées ou réflexives qui lui permettent d'apprécier les conséquences de ses actes et plus particulièrement l'adéquation de ses comportements avec les normes environnantes.

Le sens moral est l'alpha du fait moral. Ce sens naturel, qui devient proprement moral sous l'influence de l'éducation et de la culture, favorise une perception instantanée et rudimentaire des intérêts individuels et des intérêts communs et constitue cette faculté innée de faire face, de réagir rapidement et de distinguer spontanément ce qui semble convenir de la même façon que nos sens nous permettent de percevoir les couleurs, les gouts, les odeurs et les sons. Il émane de notre cerveau qui, sans se préoccuper de nous dire tout ce qu'il sait et ce qu'il tait, opère intuitivement des évaluations et des jugements spontanés et bien différents des jugements qualifiés de réflexifs qui procèdent de causes extérieures : autorité supérieure, coutume, culture, discussion, raisonnement, etc.

Le fait que tous les terriens soient naturellement dotés d'un sens commun ne signifie pas pour autant qu'ils activent le leur en même temps, d'une même manière et avec la même intensité. Au cours des différentes étapes de la vie d'un individu, ce sens s'exprime très différemment en fonction de son âge, de ses dispositions du moment, du contexte et de la charge émotionnelle des événements. Ce sens commun constitue la partie intuitive et spontanée du fait moral qui, sans raisonnement et sans justification, incite la personne qu'elle habite à tenir compte des intérêts de ses semblables et à collaborer avec ceux-ci. Au-delà de ce sens, au-delà des diverses morales particulières qui en sont les partenaires fonctionnels, la moralité constitue l'oméga du fait moral.

La notion de morale concerne tant le rapport aux autres que le souci de soi. Vu la difficulté de définir clairement ce que l'on entend par morale, il convient de partir de la notion de fait moral et de ne pas réduire la fonction morale aux coutumes, aux mœurs, aux principes, aux usages, ou encore à la recherche de frontières toujours mouvantes entre le bien et tout le mal dont notre espèce se montre capable.

Le fait moral, qui est présent dans les choix futiles comme dans les situations cornéliennes qui peuvent bousculer nos vies, trouve son origine dans les apports de la vie animale et plus particulièrement dans les évolutions de la famille des hominidés. Même s'il marque une rupture par le fait de l'acquisition d'un degré de conscience inconnu jusqu'alors, l'avènement final de notre espèce doit, à défaut d'une démonstration contraire, être nécessairement pensé dans le cadre d'un très long processus, tout n'étant finalement qu'une question de niveau de complexité.

Le fait moral n'est pas le produit des seules consciences individuelles et encore moins celui de simples choix. Il est lié aux instincts hérités du règne animal, à l'influence des conditions de vie, aux contraintes du milieu, aux circonstances, aux dispositions du moment et, plus généralement, à la vie vécue, tant au niveau social qu'au niveau individuel, comme une lutte pour l'existence.

Sous un certain angle, les morales sociétales et les morales collectives peuvent être perçues comme des systèmes immunitaires qui développent des stratégies visant à préserver l'ordre social, la vie et la survie du groupe. Elles ont une fonction sociale, éducative, pédagogique, protectrice et répressive. Elles tracent des limites, fixent des normes et sanctionnent de diverses manières une partie des comportements qui s'en écartent. Elles ont leurs propres finalités et, au service de celles-ci, leurs propres discours.

Paradoxalement, les sociétés structurées, de la tribu à l'État, sont biologiquement xénophobes et n'hésitent pas, pour des raisons tactiques, à adopter vis-à-vis de groupes étrangers des attitudes qu'elles réprouveraient sur leur propre territoire.

Tout étant dans tout, il me paraît utile de proposer une approche multifactorielle du fait moral, de la morale ou plutôt de nos morales, en lien avec les manières diverses dont les primates humains que nous sommes se comportent et vivent, tant au niveau social qu'au niveau individuel, leurs relations au sein de l'espèce et leurs relations avec l'univers qui les englobe.

« La morale n'a pas à être fondée, parce qu'elle est un fait, elle aussi, que le désir suffisamment sanctionne et valorise. » (B, p. 87)

« Quelle morale ? Nous n'avons guère le choix. Même humaine et relative, comme je le crois, la morale ne relève ni d'une décision ni d'une création. Chacun ne la trouve en lui qu'autant qu'il l'a reçue (et peu importe au fond que ce soit de Dieu, de la nature ou de l'éducation). ... Toute morale vient du passé : elle s'enracine dans l'histoire, pour la société, et dans l'enfance, pour l'individu. » (C, p. 36)

Une définition élargie

Dans le premier tome de sa monumentale **Histoire de la civilisation**, Will Durant épingle de nombreux facteurs qui favorisent la naissance, le développement et la survie d'une civilisation. A côté de facteurs géographiques, économiques, politiques et intellectuels, il souligne l'importance primordiale de facteurs moraux : « *Puisqu'aucune société ne peut exister sans qu'y règne l'ordre et puisqu'aucun ordre n'est possible sans une réglementation, nous pouvons considérer comme une loi de l'histoire que la puissance de la coutume varie en raison inverse de la multiplicité des lois, de même que la puissance de l'instinct varie en raison inverse de la multiplicité des pensées. Il faut des règles au jeu de la vie ; elles peuvent varier d'un groupe à l'autre, mais il est nécessaire qu'à l'intérieur d'un même groupe, elles s'appliquent à tous. Ces règles peuvent être établies par des conventions, par la coutume, par la morale ou par les lois. Les conventions sont des formes de comportement jugées bonnes par un peuple quelconque ; les coutumes sont des conventions* *acceptées par les générations successives après qu'une sélection naturelle s'est exercée par essais, constatation d'erreurs et élimination ; la morale est constituée par les coutumes que le groupe juge d'importance vitale pour son bien-être et pour son développement. Dans les sociétés primitives, où la loi écrite est inconnue, ces coutumes et cette morale tenues pour essentielles règlent toutes les actions humaines et assurent la stabilité et la continuité de l'ordre social. Par la lente magie du temps, ces coutumes deviennent, à la longue, pour l'individu, une seconde nature ; s'il vient à les violer il éprouve de la crainte, un certain malaise ou même de la honte ; c'est l'origine de cette conscience, de ce sens moral qui était pour Darwin la différence essentielle entre les animaux et l'homme. A son plein développement, ce sens moral devient la conscience sociale quand l'individu éprouve le sentiment qu'il appartient à un groupe auquel il doit un certain respect et un certain loyalisme. La moralité est la coopération de la partie avec le tout et de chaque groupe avec un ensemble plus vaste. La civilisation serait, cela va sans dire, impossible sans moralité* »[9]

Ce texte parle du sens moral, de nécessaires règles du jeu, de la coutume, de la morale, de la moralité, d'un ensemble de notions qui gagnent à être clairement perçues dès lors qu'elles font l'objet de définitions diverses. A cet égard, le fait qu'un volumineux dictionnaire consacré aux questions d'éthique et de philosophie morale ne s'aventure pas à préciser ce qu'il y a lieu d'entendre par *morale* et botte royalement en touche en nous renvoyant au terme *éthique* auquel il consacre un boulevard de treize pages en dit long sur la difficulté objective de s'accorder sur une définition claire de la morale et des notions qui évoluent dans son sillage.[10]

La morale est généralement présentée comme un ensemble de valeurs et de principes appelé à guider quelque conduite humaine et à fixer un cadre permettant de juger ses propres actions et celles des autres. Le concept de

---

[9] *Editions Rencontre 1962, p. 70-71.*
[10] *Dictionnaire d'éthique et de philosophie morale*, P.U.F., « Quadrige Dico-poche », 2004.

morale se définit en fonction du contexte : à côté de la morale qui tente de régir, il y a la morale à laquelle on se soumet et celle que l'on se donne. De son côté, l'éthique est considérée comme le choix d'une dynamique qui se concentre sur le bon et le mauvais qu'elle considère comme des valeurs particulières pour un individu, pour un groupe, pour une société.

Etant donné que la notion de morale est multiforme, qu'il est objectivement difficile de distinguer clairement l'éthique de la morale et que le terme *morale* est communément utilisé pour parler de réalités diverses que le fait moral contient dans ses filets, je propose de privilégier l'utilisation du terme *morale* pour des questions de commodité tout en lui donnant une portée pouvant aller bien au-delà de la conception traditionnelle qui le cantonne à un cadre normatif et à un catalogue ennuyeux de principes, d'injonctions, d'interdits et de devoirs particuliers qui varient selon les cultures et les individus.

Avant toute chose, il m'importe de mettre des mots nuancés sur nos étranges raisons d'agir qui ne sont pas nécessairement fondées sur la logique de la raison, de considérer la morale ou plutôt les morales particulières comme de simples composantes du fait moral et enfin d'aller patiemment en leur compagnie à la rencontre des autres éléments de toute nature qui font que, selon les contextes-circonstances-dispositions du moment, nous agissons de telle manière plutôt que de telle autre.

Les humains sont assurément soumis à de telles forces qu'ils ne peuvent raisonnablement se prévaloir d'une morale autonome. Vu qu'aucune personne ne peut échapper aux relations sociales, vu que les sociétés et les individus sont interdépendants, vu qu'ils interagissent et que tout individu n'a qu'une emprise limitée sur sa propre destinée, il apparaît opportun de privilégier une approche descriptive qui s'applique à cerner l'ensemble des facteurs qui influent sur nos esprits et nos comportements, en d'autres mots l'ensemble des éléments conscients et inconscients qui constituent globalement ce que, à défaut d'une meilleure expression, nous appelons nos raisons d'agir. Cette démarche passe par un regard neutre et lucide qui est confronté à la difficulté de comprendre et de mettre des mots sur la manière singulière dont les sociétés et les individus vivent leurs expériences morales.

La notion de fait moral rattache la réflexion morale et les jugements moraux à l'ensemble des facteurs qui, de manière concrète et déterminante, pèsent sur les comportements des hommes, des groupes et des sociétés, sur leurs réactions, leurs délibérations, leurs décisions, leurs actes et leurs abstentions.

Cette approche globalisante part des faits et s'efforce de ne pas porter de jugement (moral) sur nos morales, autrement dit sur la façon dont nous fonctionnons. Elle souligne le rôle premier du corps et du cerveau et met l'accent sur la place essentielle du biologique, du chimique, du psychologique, de l'émotionnel, de l'inconscient, de l'intuitif et de l'irrationnel. Elle tient compte des dimensions sociales et individuelles des morales, des interférences incessantes entre le conscient et l'inconscient, entre le collectif et l'individuel, entre l'individuel et le personnel, entre l'imaginaire et le réel. Elle s'intéresse à l'incidence des conditions matérielles, des circonstances, de l'économie, de la culture, de la politique, du droit et de la justice sur nos comportements.

Cette approche, qui s'efforce d'être aussi neutre que possible, considère les morales générales et les morales individuelles comme des faits qui se situent entre le *sens moral* qui est la part intuitive du fait moral et la *moralité* qui en constitue la part personnelle, intime et secrète. Elle tient compte du fait que nos morales collectives et individuelles sont intéressées, qu'elles ne sont pas naturellement vertueuses et qu'elles réservent une place de second rang à la raison ct aux raisonnements. Contrairement aux conceptions classiques, elle ne se réfère pas directement aux notions de bien et de mal dont il apparaît, soit dit en passant, radicalement impossible d'imaginer une définition qui puisse être universelle.

Dans ses dimensions générales et individuelles, le concept de morale fait partie intégrante du fait moral dont il est indissociable. Afin d'éviter toute confusion, il importe de distinguer clairement *morale* et *moral* et de placer à la périphérie sensible du fait moral la question essentielle et délicate de savoir ce qui peut être considéré comme moral, de déterminer concrètement en quoi une morale serait morale ou non.

A la lumière de la distinction proposée ici entre la morale comme simple fait et le jugement moral qui présuppose une forme de réflexion et de délibération, amoral ne signifie pas sans morale puisque chaque personne a son propre vécu moral. Pourrait alors être considérée comme amorale la personne dont la faculté de prendre conscience du bon et du mauvais et de former des jugements moraux est fortement altérée.

Il est des mots qui évoquent d'eux-mêmes la réalité du mal : arbitraire, banditisme, barbarie, calomnie, chantage, corruption, cruauté, cupidité, cynisme, déportation, déshumanisation, désinformation, diffamation, esclavage, escroquerie, exploitation, fanatisme, favoritisme, fourberie, fraude, haine, harcèlement, humiliation, hypocrisie, impunité, injustice, insulte, intimidation, jalousie, lâcheté, lynchage, malversation, manipulation, mauvaise foi, médisance, mépris, meurtre, orgueil, outrance, racisme, racket, sans-gêne, sauvagerie, sectarisme, sévices, sexisme, terrorisme, torture, totalitarisme, traitrise, tricherie, turpitude, tyrannie, vandalisme, vanité, vengeance, viol, et tutti quanti. Il est des mots qui n'en ont l'odeur que lorsqu'ils se rangent délibérément du côté de la malveillance ou de la maltraitance, par exemple l'agressivité, la bêtise, la dénonciation, l'envie, l'individualisme, le mensonge, la moquerie, le nationalisme, la ruse, la violence, et d'autres encore.

Le concept de bien peut paraître plus simple dans la mesure où il est naturellement associé à des préceptes très généraux : ne pas nuire, porter assistance, faire preuve de bienveillance, de bonté, d'écoute, d'empathie, de générosité, etc. Cependant, étant donné qu'il n'existe ni à l'état brut ni à l'état pur et qu'il émane en pratique d'un subtil mixte de qualités qui se combinent sans grand discours, le bien apparaît plutôt comme une réalité riche, complexe et tout en nuances qui ne se laisse pas enfermer dans une définition.

Des morales plurielles

La morale, qui constitue l'axe central du fait moral, peut être partiellement appréhendée comme la conscience réfléchie de la manière dont les humains fonctionnent sur le plan individuel et sur le plan social, de ce que leurs actions sont susceptibles d'entraîner et de ce qu'elles entraînent effectivement comme conséquences concrètes.

Au sens traditionnel du terme, la morale ne porte que pour partie seulement sur la réflexion théorique et sur la détermination pratique de ce qui, par-delà les intérêts particuliers, peut être considéré comme moral. Elle ne s'accorde pas au singulier. Elle est faite de morales générales et de morales individuelles au sein de sociétés données. Il n'y a pas une mais, tant pour l'espèce que pour les individus, de multiples morales qui interfèrent en permanence les unes sur les autres.

Toute société, toute institution, tout groupement se structure à partir d'un système de valeurs et, pour assurer son fonctionnement, son développement, sa protection et sa survie, fixe des règles de conduite et décrète des interdits. Les attitudes, les comportements, les propos et les actes individuels s'exposent à des perceptions, à des réactions, à des incompréhensions, à des jugements fondés sur ce qui est socialement considéré comme blâmable ou pas ainsi qu'à de la réprobation et à d'éventuelles sanctions en cas de violation de règles en vigueur.

Le fait que les interdits varient selon les époques et d'un lieu à l'autre n'enlève rien au fait que leur nécessité est universelle. Une société qui refuserait le principe et le symbole des interdits se condamnerait à l'éclatement dans la mesure où son existence implique nécessairement une reconnaissance mutuelle de ses membres comme sujets moraux partageant un socle de valeurs communes.

Au sein d'un corps social, la morale remplit une fonction que l'on peut assimiler à un système immunitaire. Pour favoriser la cohésion et la stabilité sociale, elle n'hésite pas à contraindre, à isoler et même à chasser les auteurs de comportements déviants comme autant de corps étrangers, à confier au racisme et à la xénophobie la mission de jouer en interne un rôle pacificateur aux dépens de tout ce qui est extérieur au groupe. Il en va de même pour l'ethnocentrisme qui se nourrit du fait qu'un groupe peut s'accommoder d'un double standard de valeurs lui permettant de promouvoir un code de conduite dans ses relations internes et d'adopter sans scrupule un tout autre dans ses relations extérieures.

Depuis des millénaires, les sociétés humaines se fondent sur le dressage, sur l'éducation, sur des institutions et sur la menace de châtiments temporels ou divins pour inciter ou obliger leurs membres à se comporter de manière conforme. Elles imposent leurs discours, leurs références ainsi que leurs règles aux individus qui finissent par en développer une intuition instinctive. Dans ce cadre premier, les idées de bien moral et d'obligation morale sont principalement liées à l'assimilation et à la conscience réfléchie de normes émanant du milieu social.

Le développement de chacun est lourdement influencé par les environnements culturels, économiques, juridiques, matériels et sociaux sur lesquels il a bien peu de prise. Il apparaît ainsi que l'éducation, les usages, les coutumes, les mœurs, les pressions sociales, les normes civiles et pénales, les préceptes énoncés par les doctrines ambiantes constituent le creuset naturel de toute morale individuelle.

Le droit se situe généralement du côté de la force (à exercer ou à contenir). Il commande et use si nécessaire de la contrainte là où en principe la morale a ou devrait avoir pour fonction première de recommander. Vu qu'il n'est pas possible de rendre succinctement compte des diverses conceptions du droit et de la justice qui sont loin d'être similaires selon les contrées et les cultures, cet essai qui est centré sur les aspects individuels et personnels du fait moral se limite à formuler quelques brèves considérations à propos de la politique, du droit, de la justice et de ce qui distingue le droit de la morale.

De la politique

Les sociétés animales sont dotées de modes d'organisation séculaires et développent naturellement des stratégies qui leur permettent d'investir la place, de nourrir leur troupe, de se protéger, de se défendre, de se reproduire et de subsister. Elles sont structurées de telle sorte que, comme simple membre d'un groupe et surabondamment de son espèce, chaque individu remplisse une fonction singulière qu'il ne peut choisir et qu'il accomplit sans réelle autonomie.

Dans ce cadre où elle demeure et s'adapte, la vie animale n'a que faire de la politique, contrairement à ces êtres bizarres qui parlent d'amour et sont en même temps capables de se faire des guerres de trente-six natures, contrairement à ces individus qui se croient supérieurs et se disent humains alors qu'ils ont tant de mal à se parler, à s'écouter, à débattre, à se comprendre même quand ils parlent la même langue, à se respecter, à partager, à faire des compromis, à respecter leur planète et plus précisément à trouver des solutions aux problèmes qu'ils engendrent eux-mêmes.

La morale et la politique sont devenues nécessaires par le fait paradoxal que le vivant a offert aux hommes la liberté d'agir ou non selon leur nature propre d'êtres sociétaux, qu'il a pris le risque de leur laisser la possibilité d'agir pour ou contre l'intérêt de l'espèce et de son environnement, et enfin par le fait que cette liberté de faire ou de défaire s'est développée tant au niveau individuel qu'au niveau collectif.

La morale et la politique ont chacune leur propre part d'influence sur ce qui touche aux comportements des individus et des groupes, aux rapports de force, aux tensions, aux conflits, aux alliances, aux solidarités. Dans ce cadre, un des intérêts majeurs de la politique est le fait que, si elle le veut, elle dispose de moyens permettant de mettre concrètement en œuvre des projets fondés sur des valeurs collectives.

La politique a pour fonction première d'instaurer et de préserver un certain ordre social au sein d'une société donnée en définissant les règles du jeu et en mettant en œuvre les mesures visant à régir les rapports entre les individus et les groupes organisés. Elle a en principe pour mission de gérer les ressources publiques, de veiller à la promotion du bien-être, à la protection des droits, à la gestion des tensions et à la régulation des conflits. Au niveau international, elle occupe à mi-chemin entre la morale et le droit une place privilégiée au cœur de grandes compétitions où les réalités économiques, sociales et géostratégiques s'invitent au premier rang.

Au-delà des idéaux, des égos, des compétitions et des questions de pouvoir, la politique a en théorie pour rôle de gérer la société en fonction d'idées, de principes et de valeurs liés à un bien commun qui présuppose l'établissement d'un certain ordre qui soit générateur de sécurité, de confiance mutuelle et de paix. Dans les faits, elle se heurte aux contraintes géographiques, à la dure réalité des comportements individuels et collectifs, à l'absence de consensus sur les notions de bien commun et de justice et elle bute plus précisément sur la question du partage des ressources et des richesses.

La politique est généralement évaluée sur ses résultats, parfois injustement, bien plus que sur ses intentions et sur les moyens qu'elle met en œuvre. Aussi noble et généreuse qu'elle puisse être, elle ne saurait être naturellement morale. Il n'y a d'ailleurs pas de politique efficace sans quelque stratégie, sans une dose de dissimulation, de manipulation et de mensonge. C'est une des raisons pour lesquelles celle-ci doit être rappelée à l'ordre lorsqu'elle oublie sa finalité qui est de servir le bien commun. Il s'agit alors moins de la moraliser de l'extérieur que de la confronter au cadre légal de l'action publique.

Idéalement, la politique a pour mission principale d'agir sur les conditions de vie, de favoriser des relations correctes, de concilier autant que possible les intérêts des uns et des autres, de susciter la concorde. Elle s'élève lorsqu'elle est honnête sur ses raisons d'agir, lorsqu'elle ne prend pas les citoyens pour des innocents, lorsqu'elle leur propose des discours et des moyens concrets qui soient susceptibles d'éveiller chez chacun d'eux le sentiment qu'il est possible, utile et même nécessaire de contribuer au bien commun tout en agissant pour son propre compte. Encore faut-il alors que chaque personne prenne sa part à l'édifice sans attendre de la politique et de la justice ce qu'elles ne peuvent offrir seules !

Les intérêts individuels sont directement agrippés aux conditions matérielles, politiques, juridiques et sociales qui permettent ou non leur satisfaction. Les hommes et les femmes ont une vie sociale et, dès lors qu'ils reconnaissent personnellement leur interdépendance vis-à-vis de la société dans laquelle ils vivent, la nécessité de défendre le bien commun (par le biais de la politique, à l'aide du droit et de la justice) devient alors aussi impérieuse que leur droit à la liberté individuelle.

« Pas de politique individuelle et pas d'individu sans politique. Le meilleur groupe, c'est le moins mauvais. Et l'on a même le droit de se tromper. » (A, p. 100)

« Toute politique est prisonnière du temps et en subit la loi, qui est d'attente. Le présent est son lieu, mais l'avenir son objet. » (A, p. 149)

« *Tout pouvoir mérite obéissance (puisqu'il est pouvoir de fait) mais jamais respect (puisqu'il n'est pas pouvoir de droit, et en tout cas pas d'un droit universel et absolu).* » *(A, p. 156)*

« *La politique est incapable de fonder la morale puisque c'est la morale qui doit au contraire fonder la bonne politique.* » *(B, p. 21)*

Quant au droit naturel

Dans les sociétés primitives où les règles morales faisaient office de permaculture sociale, le droit coutumier était principalement de nature pénale. Dans les sociétés plus structurées, les règles de droit sont devenues des constructions complexes différant royalement suivant les lieux, les époques, les civilisations et les cultures. La question s'est posée de savoir s'il existe par-delà ces règles diverses un droit à vocation universelle qui serait d'un autre ordre que celui des multiples droits positifs applicables ici et là, un droit naturel qui engloberait un ensemble des préceptes moraux ayant valeur universelle et pouvant être considérés comme justes du fait qu'ils sont inhérents à la nature humaine.

Le concept de droit naturel postule l'existence d'un droit supérieur aux systèmes juridiques particuliers en vertu de l'idée que l'émergence et l'évolution de notre espèce ont été accompagnées de préceptes ayant un caractère absolu indépendamment de toute intervention d'un quelconque législateur, qu'il soit divin ou humain. Ainsi conçu, le droit naturel est censé couvrir un droit immuable qui a généré des principes de conduite morale consacrant les droits (et les devoirs) fondamentaux que chaque personne tient du seul fait de son appartenance à une commune humanité plutôt qu'à la société dans laquelle elle vit (respect du droit à l'égalité, à la liberté, à la propriété, à la sécurité, à la vie).

Le silence persistant de la Nature quant à ses motivations secrètes a naturellement laissé place à des interprétations diverses, les formulations visant à consacrer l'existence d'un droit naturel étant soit minimalistes soit maximalistes tout en restant forcément générales. Il ressort du fait même de la nécessaire variété de ces formulations qu'aucune d'entre elles n'arrivera jamais à définir objectivement et de manière concrète le bien et le juste en conformité avec le donné de la Nature.

Le droit naturel des philosophes demeure un droit sans force obligatoire dans la mesure où il ne dispose d'aucun moyen contraignant pour faire respecter les préceptes à vocation universelle qu'il met en lumière. En consacrant le fait que les droits fondamentaux sont directement liés à notre humanité, il dispose cependant d'un pouvoir d'influence et d'inspiration certain à l'égard de la politique et du droit positif qui ont la possibilité et les moyens de consacrer et de protéger ceux-ci.

Du droit et de la justice

A partir des rapports de force en présence, des valeurs qu'elle se donne, des confrontations et des débats d'idées qui la font évoluer, toute société organisée précise ce qui doit être tenu socialement comme juste, fixe des principes et des règles de conduite au service d'un certain ordre, arbitre les intérêts en présence, suscite et soutient des initiatives, favorise, prévient ou sanctionne certains comportements. Dans toute société, même dans les sociétés sans Etat et sans écrit, le droit est une réponse collective, officielle et contraignante au besoin de sécurité qu'engendre la vie en commun et accessoirement aux petitesses de l'être humain.

Le droit contribue à l'instauration d'un ordre social qui est censé durer. Il s'inscrit dans les codes et aimerait aussi durer alors qu'il est comme toutes les entreprises humaines soumis à la loi du changement. Il a le monopole de la violence légitime et tire sa force de la confiance ou de la crainte qu'il inspire. Le fait qu'il est le fruit de rapports de forces et qu'il est changeant par nature n'empêche pas qu'il est en principe appelé à promouvoir et à défendre certaines valeurs.

Le droit n'a pas pour vocation de se mêler de tout et s'avère en outre superflu là où les choses s'agencent de manière satisfaisante. Il n'a pas pour mission de régenter les préceptes moraux qui couvrent la majorité des activités humaines, tant celles qui relèvent de l'intimité personnelle que celles qui s'inscrivent dans la vie sociale et politique. Là où la morale s'intéresse naturellement à la vie en société autant qu'à celle de l'individu pris isolément, à son vécu intérieur, à son esprit et à son cœur, le droit peut se cantonner aux activités et aux relations des hommes dans la perspective d'une société organisée.

Paradoxalement, les sociétés modernes qui dénoncent volontiers le dogmatisme et le côté envahissant de certaines morales traditionnelles génèrent un nombre croissant de normes touffues et détaillées à l'envi. La réelle difficulté de connaissance et de compréhension qui résulte de ce foisonnement de règles compromet l'adhésion dont celles-ci souhaiteraient pouvoir bénéficier et ajoute au fait que les citoyens ne comprennent généralement du droit et de la justice que ce qui est directement conforme à leurs intérêts et à leurs dispositions du moment.

L'histoire universelle montre que ce n'est pas le droit qui domine dans les relations humaines, mais plutôt la force et bien souvent la violence. Tout ce que l'on peut désirer et réclamer, c'est que la force se range du côté du droit, d'un droit qui la mérite.

Le droit ne peut contraindre quiconque à faire ce qu'il ne veut point. Il peut tout au plus dire le permis et le défendu, favoriser, inciter, donner pouvoir, contraindre physiquement, sanctionner et permettre une réparation du tort causé à autrui. Qu'elle soit moralement juste ou non, la loi n'est en fait que la loi, ce qui explique la franche distance qui peut exister entre la légalité et l'équité qui promeut d'aller au-delà de ce que la loi prescrit.

Le droit n'est ni bon ni mauvais par nature. Il n'est pas une valeur dès lors qu'il peut être mis au service du meilleur comme du pire. Le droit est un outil qui peut tout aussi bien contribuer à la qualité du vivre ensemble que consacrer des privilèges ou être utilisé comme instrument de pression. Il en va ainsi du droit comme des civilisations, des religions et des philosophies : il ne vaut qu'à mesure de ce qu'il prévient, de ce qu'il contient et de ce qu'il permet de positif.

La notion d'état de droit ne constitue une saine référence que lorsqu'elle se met au service d'un droit en bon état. Le concept d'état de droit suppose alors la prééminence du droit sur le pouvoir politique ainsi que le respect de la loi, des libertés et des droits fondamentaux par l'Etat, par les gouvernants, par les institutions et les administrations, par la société civile et par les gouvernés eux-mêmes. Idéalement, l'état de droit repose sur certains principes-clés : absence d'arbitraire, égalité de traitement, justice indépendante et impartiale, hiérarchie des normes, non-rétroactivité des lois, proportionnalité des peines, sécurité physique et juridique, distinction et séparation des pouvoirs, etc.

La Nature n'a nulle part réservé une place à une justice universelle, à une justice surnaturelle. Elle a laissé place à des justices locales, nationales et internationales qui sont et resteront des entreprises humaines. Il n'y a pas de justice, au sens institutionnel du terme, sans un cadre normatif, sans une force qui la fonde et la garantisse, sans la contribution des autres pouvoirs qui sont censés défendre et, si nécessaire, protéger fermement une certaine conception du bien commun et des principes qui s'y attachent.

Le droit ne saurait être l'expression suprême de la Justice puisque telle n'est pas sa mission. De leur côté, les juges ne sont pas là pour instaurer le règne d'une Justice supérieure, mais pour dire bien le droit. La justice humaine est une garantie plus qu'une valeur, ce qui n'empêche pas que, lorsqu'elle est exercée avec indépendance et humanité, elle puisse contribuer à la Justice.

Dans la vie quotidienne, préjuger ou juger à l'emporte-pièce sont choses aisées. En revanche, lorsqu'il est exercé en conscience et avec un souci d'indépendance, l'acte de juger et de trancher à l'issue d'un débat et d'une délibération est une entreprise dont on peut ne pas sortir indemne. Il en va de même lorsque l'on s'aventure à affronter une question morale dans les yeux.

Droit ou morale ?

Tant les droits positifs que les morales sociétales portent sur des règles qui sont sanctionnées par les collectivités dont ils et elles émanent. En théorie, le droit positif est indépendant des morales qu'il croise sur son territoire du fait que la fonction du droit est clairement distincte et que les sanctions qu'il peut mettre en œuvre sont réglementées alors que celles qui sont engendrées par les morales sont diffuses et d'une tout autre nature. Le fait que leurs fonctions sont distinctes n'empêche cependant pas droit et morale de communiquer naturellement, bien souvent par osmose.

Le domaine du droit porte sur un ensemble hiérarchisé de normes édictées par une société ainsi que sur les moyens que celle-ci met en œuvre pour tenter d'asseoir son organisation et d'assurer un certain ordre en son sein. Le droit a pour instinct de commander, de prescrire et de sanctionner. Il peut au besoin contraindre et user de la force. Il accole bien souvent un fatras d'injonctions et de mesures qui sont neutres au niveau moral à d'autres qui ont clairement l'ambition de susciter des comportements considérés comme nécessaires pour la collectivité. Obéissant à une dynamique propre, il régit sans avoir pour autant à sonder les cœurs et à faire la morale.

La règle légale instaurée par un Etat ou une collectivité quelconque, par exemple un club sportif, est coulée dans un texte que nul n'est censé ignorer et qui a le mérite de permettre aux acteurs et aux nombreux figurants d'évoluer sur la scène sans devoir se demander à tout moment ce qui va leur tomber sur la tête.

Même s'ils ne sont pas chimiquement purs et s'ils sont naturellement sujets à interprétation et à modification, la loi et les règlements valent par le simple fait d'exister. Toutefois, ce n'est pas parce qu'ils demandent à être observés qu'ils sont légitimes et qu'ils doivent être nécessairement respectés. Vu qu'ils sont du côté de la force et qu'ils ont tout à la fois le pouvoir de commander, d'imposer, de contraindre et de sanctionner, ils doivent pouvoir être contenus et jugés à l'aune du bien public qu'ils sont censés servir.

Les morales sociétales exercent une pression d'une tout autre nature qui se traduit par le fait que la violation de ce qu'elles recommandent ne peut en principe qu'engendrer la désapprobation, un jugement négatif, une condamnation de principe, voire troubler la conscience de qui les transgresse. Elles ont un pouvoir transversal, un subtil pouvoir d'influence sur les comportements tant dans le domaine public que dans la sphère privée. Elles ont pour vocation première de recommander. Elles ont un très large champ d'action mais, paradoxalement, elles s'égarent lorsqu'elles s'évertuent à se mêler de tout. Elles font d'emblée référence à des valeurs et à des principes. Elles interpellent les consciences et suscitent des comportements mais n'ont en théorie d'autre pouvoir que d'approuver ou de désapprouver.

La morale sociétale recommande, amende ce qui peut l'être, enguirlande et réprimande si nécessaire. Toute morale qui ne résiste pas à la tentation de fouiner au-delà se dénature tristement dès lors qu'elle choisit d'enjamber ses propres limites pour s'ériger fermement en loi, plus précisément dès lors qu'elle se place délibérément du côté du pouvoir et qu'elle abuse de la contrainte ou d'une tout autre pression que sa simple force de persuasion. Tout cela pour dire qu'une morale qui voudrait s'imposer sous la menace d'une trop forte contrainte ferait offense à sa nature.

Responsable

Par le fait qu'elle est commune et pour autant qu'elle ne soit pas inique, une loi officielle est censée être considérée et respectée avant la loi morale qui est clairement d'un autre ordre. S'il est bien un domaine où le civil, le pénal et la morale ont chacun leur mot à dire, c'est bien celui de la responsabilité individuelle ou collective.

L'idée d'une quelconque responsabilité individuelle n'existe pas dans l'état de nature et particulièrement pas dans le monde animal où les victimes sont laissées à leur propre sort. Dans les petites sociétés qui ont présidé à l'émergence de l'espèce humaine, le droit au sens où nous l'entendons aujourd'hui n'avait pas de raison d'être dès lors que ces sociétés étaient organisées de manière pragmatique et que leurs lois supérieures étaient proches de celles de la Nature.

Les principes et les règles applicables en matière de responsabilité juridique sont directement liées aux situations particulières des sociétés, à leur histoire et à leurs multiples mutations au niveau culturel, économique, social et technologique. Il est ainsi tout à fait naturel que la notion de responsabilité soit conçue de manière très différente selon les croyances, les cultures, les époques et les régions.

Dans les sociétés anciennes, la responsabilité était souvent attribuée à la famille, au groupe, au clan, à la tribu plutôt qu'à l'individu alors que les sociétés modernes distinguent les responsabilités juridiques et les responsabilités non juridiques, les responsabilités individuelles et les responsabilités collectives.

Dans un état de droit, les textes légaux et la jurisprudence définissent à l'envi les conditions dans lesquelles un individu peut être tenu de réparer le dommage engendré par un de ses actes et vont même jusqu'à préciser dans l'intérêt de la vie sociale les conditions particulières dans lesquelles il peut être obligé de réparer un dommage alors même qu'il n'aurait commis aucune faute ou que l'origine dudit dommage ne lui serait pas imputable.

Tant sur le plan civil que sur le plan pénal, la responsabilité juridique se détermine par rapport aux règles applicables là où le fait survient et ne coïncide pas avec la responsabilité morale qui, où que ce soit, implique le fait de répondre de ses actes au regard de croyances et de valeurs personnelles ou collectives, qu'il s'agisse de répondre devant sa propre conscience ou de s'exposer au jugement moral d'autrui.

La responsabilité juridique constitue un de ces subtils ingrédients qui permettent à la vie sociale de se structurer dans une société donnée. Elle s'intéresse principalement aux faits et gestes et accessoirement aux intentions lorsque cela s'avère nécessaire sans pour autant devoir prendre en compte les motivations profondes des individus.

Le bon sens et la raison, qui font ici encore bon ménage, laissent entendre que lorsque se pose la délicate question d'une éventuelle responsabilité personnelle, il sied de soumettre en premier lieu nos faits et gestes au regard singulier de la société dont nous faisons partie et plus particulièrement au filtre de la responsabilité juridique.

Quand la responsabilité juridique a la chance de reposer sur un droit qui le mérite, le passage préalable par son poste de contrôle permet d'offrir autant que faire se peut à la conscience morale un éclairage spécifique ainsi qu'un temps d'attente et un recul certain. Il permet aussi de mesurer le sens et les limites du droit et de la morale qui l'un comme l'autre peuvent prêter à discussion dès lors que par nature ils sont imparfaits et ne valent finalement qu'au travers de ce qu'ils offrent et permettent concrètement.

La responsabilité juridique et la responsabilité morale ne relèvent pas d'un même ordre et n'ont pas la même charge émotionnelle, le même poids et la même portée. Alors que la responsabilité juridique est socialement vitale au niveau local, la responsabilité morale s'avère primordiale et essentielle en ce qu'elle est constitutive de notre commune humanité.

La conscience morale

Dans les sociétés animales socialement organisées, le groupe et les individus sont collectivement mus par des instincts vitaux qui engendrent des comportements mutuellement profitables. Dans les sociétés humaines, les choses sont plus complexes en raison du fait que, tout en étant animé par des instincts vitaux, chaque individu est doté d'un corps-esprit qui pense, d'une conscience morale particulière, d'un pouvoir d'adaptation, d'une certaine liberté d'action et surtout d'une surprenante possibilité de veiller ou non à ses propres intérêts et à ceux des divers ensembles dont il fait partie.

L'appartenance physique et psychologique à un ensemble (groupe, famille, foule, etc.) engendre naturellement chez ses membres une conscience diffuse de groupe. Il ne s'agit cependant pas d'une véritable conscience commune en raison du fait que les consciences individuelles ne sont pas organiquement connectées entre elles ou reliées à un corps social doté d'un véritable cerveau collectif.

Les sciences sociales utilisent de manière pragmatique la notion de conscience collective pour ce qui concerne des pensées, des croyances, des sentiments, des valeurs et des comportements que partagent un ensemble particulier d'individus. Aucune entité sociale n'étant gratifiée d'un cerveau propre et ne présentant les caractéristiques d'une personne collective capable de raisonner, d'évaluer et de communiquer de manière autonome, il est permis de considérer que la Nature n'a engendré aucun être intrinsèquement supra-individuel et qu'elle n'a généré aucune forme particulière de conscience collective qui soit à un ensemble d'individus ou à une entité sociojuridique ce que la conscience individuelle est à la personne qu'elle habite. De là provient peut-être l'ambition folle et affolante des adeptes d'une forme supérieure d'Intelligence Artificielle qui permettrait de cerner nos émotions, de scruter nos sentiments et d'investir nos consciences personnelles.

La conscience collective est liée à notre capacité commune à prendre en considération de multiples points de vue et à notre faculté d'évaluer la valeur morale de nos actes. Elle relève essentiellement d'un insondable amalgame de consciences individuelles qui, sans être interconnectées, sont en relation dynamique entre elles par le fait des émotions et du langage.

On ne peut véritablement parler de conscience morale qu'à propos des consciences individuelles. Pour ce qui concerne la vie sociale, économique et politique, je propose de postuler l'existence et l'autonomie relative d'une kyrielle de consciences collectives qui sont d'une autre nature, qui ont leurs propres discours et qui n'ont pas les mêmes contraintes, les mêmes impératifs, les mêmes objectifs, les mêmes principes, les mêmes remords et les mêmes scrupules. C'est à partir des flux, des va-et-vient, des convergences et des errements de tant et plus de ces consciences collectives que notre humanité conçoit et façonne ses propres valeurs notamment celles qui sont en commerce avec la notion de bien commun.

Le bien commun est un concept général dont le sens apparaît évident à première vue. Il est cependant bien difficile à définir dès lors qu'il ne se confond pas avec la somme des intérêts particuliers et qu'il se distingue d'un intérêt général qui viserait spécifiquement l'intérêt du plus grand nombre.

Sur le plan politique et juridique, la notion de bien commun donne lieu à des discussions en sens divers. Il est vrai que la politique n'a pas de vocation universelle, que les politiques sont particulières et qu'elles sont confrontées à des intérêts antagonistes qui font qu'il ne saurait y avoir de vision commune de ce qui est bon et avantageux pour l'ensemble des membres d'une collectivité ou pour un ensemble de collectivités.

En matière politique, le bien commun peut être considéré comme un incitant à penser bien l'intérêt général et comme le lieu de rencontre d'une multitude de biens communs particuliers qui portent en germe un commun bien. Sur le plan philosophique et moral, il peut être considéré comme une valeur qui nous invite à transcender les intérêts particuliers et les intérêts généraux.

Du collectif à l'individuel

Les sociétés humaines développent des systèmes sociaux, économiques et politiques distincts qui ne sont pas déterminés génétiquement et qui évoluent au gré des situations et des cultures. Quels que soient leur degré d'ouverture respectif et leur valeur intrinsèque, les morales collectives qu'ils génèrent sont naturellement intéressées et demeurent des morales particulières et en cela relatives, des morales diverses que les individus intègrent et s'approprient consciemment ou non, des morales spécifiques parmi lesquelles chaque personne a l'opportunité de faire son propre marché aux valeurs.

Dans ce creuset, chaque personne trouve et se forge une morale qu'elle tient pour partie de son enfance, de sa famille, de son éducation, de son instruction, de sa culture, de ses conditions et modes de vie tant matérielles qu'affectives ainsi que des sociétés et des circonstances dans lesquelles elle se débrouille comme elle le peut. Dans les faits, pour quiconque, il s'agit généralement moins de délibérer que d'agir. C'est ainsi que les notions de bien et de mal sont souvent secondes par rapport à la nécessité de faire preuve d'adresse, d'habileté, de prévoyance, de prudence et de tirer profit des événements.

La morale individuelle, au sens où elle est entendue ici, comprend pour chaque personne la manière toute singulière, consciente et inconsciente, dont à partir de ses gènes, de ses désirs, de ses émotions, de ses sentiments, de ses intuitions, de ses préjugés et de ses croyances, elle perçoit, assimile et intègre les coutumes, les mœurs, les usages, les règles sociales et sociétales (écrites et non écrites) qui influent sur elle.

Ainsi conçue, la morale individuelle est la morale singulière d'un être qui s'adapte comme il le peut à ses environnements et qui, au fil des circonstances, cherche des aménagements entre d'un côté ses désirs, ses perceptions, ses rêves et de l'autre les contraintes du monde extérieur et de la vie sociale. Le fait que cette morale soit fondée sur la poursuite d'intérêts propres et qu'elle ait sa propre logique et ses propres discours n'a rien de négatif. Il s'agit tout simplement de la morale empirique, de la morale évolutive et fluctuante d'un être ordinaire confronté au dur métier de vivre.

Aucune morale n'est monolithique. Comme il en va d'une morale collective, la morale individuelle est changeante, hétérogène, polymorphe et bien souvent à tiroirs. Au gré des lieux et des circonstances, elle se fragmente en sous-morales qui peuvent être différentes et parfois même obéir curieusement à des logiques divergentes.[11]

La morale individuelle est principalement centrée sur l'instant, sur le choix à faire, sur la décision à prendre, sur l'acte à poser. Confrontée à l'urgence du présent et à l'imminence du futur, elle se conjugue facilement à l'imparfait, surtout lorsqu'il s'agit de choisir ici et maintenant sans délai et sans véritable réflexion préalable. Au gré des circonstances, celle-ci se donne bien souvent les valeurs, les justifications et les scrupules qui lui conviennent.

---

[11] « La mort est mon métier », roman publié par Robert Merle aux éditions Gallimard, illustre la morale à tiroirs étanches d'un père de famille ordinaire qui revêt en journée l'uniforme d'un dirigeant de camp de concentration nazi.

Notre vie quotidienne, nos regards, nos choix, nos actes et nos inactions sont étroitement liés à un ensemble de données affectives, matérielles, culturelles et sociales qui nous conditionnent et nous absorbent. La plupart du temps, nous sommes avant tout préoccupés et occupés par tout ce qui touche au bien-être du corps, à nos conditions de vie et à celle des êtres auxquels nous tenons. Dans ce contexte, la tentation est naturelle de ne pas s'embarrasser de la charge émotionnelle d'une morale véritablement personnelle et de se contenter de l'apport conjoint des morales générales et d'une morale individuelle pragmatique qui évolue au gré des circonstances.

De l'infiniment grand à l'infiniment petit, le monde et la Nature qui nous englobent apparaissent fabuleux, lumineux, merveilleux, mystérieux, prodigieux, vertigineux. Nous y avons la faculté d'être affectueux, amoureux, audacieux, chaleureux, consciencieux, courageux, curieux, franc-jeu, généreux, gracieux, heureux, ingénieux, joyeux, miséricordieux, radieux, respectueux, rigoureux, savoureux, scrupuleux, sérieux, valeureux, vertueux, vigoureux.

Le fait que la vie finisse toujours par triompher sur la mort n'enlève rien au fait que le mal(heur) existe et que le métier de vivre reste éprouvant. Le mal qui aime le vide et s'infiltre partout où il le peut prend bien souvent le soin de mettre un masque sur son visage. Au besoin, il n'hésite pas à adopter fallacieusement le langage du bien, de la justice, de la raison et de la vertu.

Mais en fin de compte, ce qui pose un problème, c'est moins le mal que le mal du mal qui survient lorsque celui-ci casse un élan, lorsqu'il commet l'irréparable, lorsqu'il jette la vie à terre, lorsqu'il la piétine, lorsqu'il la brise. Ce qui est enfin le plus désolant, c'est l'absence de proportionnalité entre la présence du bien et la force du mal qui fait par exemple qu'une œuvre remarquable qui aura été le fruit d'un nombre incalculable d'heures de travail et d'un amour du métier puisse être banalement détruite en une fraction de seconde.

Les richesses multiples de la vie n'empêchent pas que les activités humaines puissent aussi engendrer, au niveau individuel et collectif, des attitudes, des paroles, des gestes, des actes qui apparaissent acrimonieux, affreux, belliqueux, crapuleux, désastreux, frauduleux, haineux, hargneux, hideux, honteux, ignominieux, injurieux, insidieux, irrespectueux, mafieux, monstrueux, odieux, orgueilleux, pernicieux, présomptueux, prétentieux, scandaleux, spécieux, teigneux, ténébreux, véreux, vicieux. Il n'existerait d'ailleurs pas tant de législations, de réglementations, de contraintes sociales, de religions moralistes et de marchands d'espérance si les hommes étaient naturellement bons et vertueux.

Il y aurait beaucoup à partager sur la difficulté pour l'être singulier à se situer, à se faire un trou et à être acteur de sa propre vie dans un monde complexe, changeant, démesuré, fascinant, hostile, multiple, paradoxal.

Notre humanité est faite d'individus inégaux en capacités intellectuelles et physiques, en ressources matérielles et affectives. Elle est composée de personnes qui sont clairement inégales devant les aléas, les cadeaux et les fardeaux de la vie et qui pour l'essentiel agissent principalement en fonction de leurs intérêts ainsi que de leurs liens affectifs et sociaux. Nombre des motivations qui les habitent sont basiques, instinctives, ordinaires, sommaires et, pour le surplus, les plus élevées gardent souvent un fond instinctif.

Dans un cadre à la fois ouvert et inhospitalier, n'est-il pas normal de veiller par priorité à tirer sa propre épingle d'un jeu que l'on sait incertain, potentiellement inégalitaire et injuste ? Quel intérêt aurait-on à s'aventurer sur un chemin exigeant ? Pourquoi faire le premier pas ? Pourquoi prendre des risques alors qu'il n'y a en principe pas de récompense pour la personne qui se soumet à la moralité et pas de sanction automatique pour celle qui choisit délibérément une autre voie ?

La pente naturelle de la vie ordinaire, qui est truffée de tensions et d'épreuves multiples, incite l'individu à se concentrer sur ses propres intérêts et sur ceux des personnes auxquelles il tient. Elle le pousse volontiers à s'auto-défendre, à se replier sur lui-même, à se protéger, à se limiter à ce qu'il croit pouvoir faire ou penser. Dans ce contexte, pourquoi ne pas se contenter d'une morale pragmatique, d'une simple morale individuelle ?

En pure théorie, il est clair que toute morale et plus encore la moralité ne trouvent leur véritable dimension que dans la mesure où elles ne sont motivées ni par la crainte d'une sanction ni par la perspective d'une quelconque récompense. Mais, dans les faits, la vie nous rappelle sans cesse cette condition qui nous colle à la peau et qui est faite à la fois de peur et de courage, d'intérêt et de générosité. Aucun choix moral ne saurait échapper totalement à l'intérêt et à la peur.

Vouloir se libérer seul de la souffrance et ne rechercher que son propre salut et celui de ses proches serait choisir des objectifs bien limités et risquer d'être déçu par le hasard des résultats alors que la recherche intéressée de ce qui est bon pour soi peut porter sur un utile réfléchi qui se situe au confluent de l'intérêt propre et de l'intérêt pour autrui.

Cette proposition nuancée se heurte à la vision selon laquelle les hommes viseraient naturellement à satisfaire leurs intérêts personnels et, inconsciemment ou non, ne seraient finalement soucieux du bien d'autrui et de l'intérêt général que dans la seule mesure où ils escomptent en tirer quelque avantage ou quelque utilité pour eux-mêmes. Un regard problématique lorsqu'il se mue en une grille d'analyse qui, ne tenant pas compte du fait que les motivations égoïstes ne sont pas les seules à nous animer, refuserait a priori de reconnaître que certains actes peuvent être véritablement désintéressés.

Un si fragile vernis

L'empathie, sans laquelle il n'y aurait vraisemblablement pas de véritable vie sociale possible, nous permet de considérer un ou une congénère comme un sujet doté d'une conscience personnelle et de discerner ses sentiments, ses besoins et ses désirs. Cette faculté est en partie liée à des facteurs génétiques et à un sentiment d'appartenance qui en favorisent conjointement l'éclosion et le développement. Pour le surplus, le degré d'empathie dont une personne est capable dépend des circonstances et de nombreux autres facteurs : son éducation, ses expériences, ses convictions, son milieu, sa sensibilité, son état d'esprit du moment. Ce sentiment s'avère normalement plus fort lorsqu'elle se sent proche et concernée par des attaches communes (famille, association, communauté, etc.).

L'homme n'est ni égoïste ni altruiste par nature. A des degrés divers, il est tantôt rationnel, tantôt irrationnel. Il n'est pas programmé pour la recherche exclusive de ce qui lui serait avantageux ou profitable. Il n'est pas non plus formaté pour mener au long cours une poursuite rationnelle de fins qu'il aurait volontairement choisies ou qui lui seraient dictées de l'extérieur. Dans la réalité quotidienne, il est animé par un mixte complexe de motivations diverses.

Un si fragile vernis d'humanité Banalité du mal Banalité du bien, livre éclairant de Michel Terestchenko dont le présent chapitre offre un résumé, montre combien l'affirmation selon laquelle les motivations des humains seraient essentiellement de nature égoïste est contredite par l'héritage d'un sens moral commun, par la réalité indiscutable d'actes bienveillants qui engagent leurs auteurs dans une direction qu'ils ne prendraient pas s'ils avaient pour unique objectif la poursuite de leurs propres intérêts. Cette affirmation est également réfutée par les effets néfastes de l'amour-propre lorsque celui-ci joue le trouble-fête ainsi que par l'existence de comportements destructeurs qui rament à contresens des intérêts personnels de qui les pose.[12]

---

[12] *Editions la découverte, Poche, 2007.*

Le sens moral commun, qui est gravé au cœur de la nature humaine, n'est pas activement au service de l'égoïsme psychologique. Ainsi, le sentiment qui nous fait approuver spontanément une action de secours ou d'assistance n'a rien de volontaire ni de véritablement intéressé ; il sort du champ de l'égoïsme dès lors qu'il procède d'un élan qui précède la réflexion liée à cette action. Il en va de même du sentiment de compassion que nous éprouvons naturellement vis-à-vis d'une personne en détresse ou dans le malheur.

Une conduite peut être considérée comme empreinte d'altruisme dès le moment où la recherche de l'intérêt personnel n'est pas sa fin première et où les avantages qui peuvent découler de celle-ci n'en sont que des conséquences indirectes.

Le fait qu'une conduite résulte d'une pluralité de motivations et qu'elle puisse apporter par surcroit une satisfaction psychologique ne dénature pas celle-ci dès lors que sa dimension altruiste en demeure le noyau. Ainsi, une action peut conserver sa nature altruiste alors qu'elle serait secrètement suscitée par le désir d'éviter à son auteur un jugement négatif de sa conscience ou la réprobation de son entourage, alors même qu'elle serait animée par la volonté de préserver celui-ci d'un sentiment de culpabilité ou de honte. Il n'est en outre pas nécessaire que la démarche soit vécue comme une contrainte, un sacrifice, une renonciation à tendance mortifère.

Quelles que soient les motivations qui l'accompagnent, le fait d'être bienveillant, de prendre en compte les besoins et les intérêts légitimes d'autrui, de prendre une part de sa souffrance sur soi, de lui porter assistance, n'implique pas de faire fi de ses propres désirs et de ses aspirations personnelles ou de se sacrifier sur l'autel. Pour qui choisit de s'y appliquer et de penser son action en dehors du carcan de l'égoïsme-altruisme, il s'agit bien moins d'un renoncement sacrificiel que d'une contribution active à la réalisation de soi. Les conduites authentiquement altruistes ne procèdent nullement d'une négation, d'un oubli, d'un sacrifice de soi, mais au contraire d'un engagement de l'être tout entier.

Il convient cependant de souligner au passage que le désir d'exister et de se réaliser peut tout aussi bien s'exprimer dans des conduites profitables à soi-même et/ou à autrui que se laisser entraîner dans des conduites nuisibles, voire destructrices.

Le mouvement qui oscille naturellement de la recherche de l'intérêt propre à l'attention réservée à autrui peut être perturbé par les caprices de l'amour-propre qui, sans crier gare, a tendance à faire cavalier seul. Lorsqu'il cesse d'être lucide et d'être une modeste motivation parmi d'autres, lorsqu'il prend les rênes, l'amour-propre n'a que faire du bonheur personnel ou de l'intérêt d'autrui dans la mesure où il ne poursuit finalement rien d'autre qu'une forme d'estime de soi dans le regard imaginaire des autres. C'est alors qu'il pousse qui le veut bien à ne pas être fidèle à soi-même, à poursuivre un cortège de fins illusoires qui ne sont en fait pas réellement avantageuses et qui peuvent même s'avérer néfastes tant au niveau personnel qu'au niveau relationnel.

Dans des circonstances qui justifieraient une attitude autonome et responsable et qui nécessiteraient une (ré)action positive, nous avons aussi la liberté de ne pas agir en accord avec les principes qui nous animent dans la vie ordinaire, d'être incapables de nous comporter comme des sujets conscients, libres et autonomes.

L'histoire démontre que la propension humaine à se glisser passivement dans la foule, à se laisser influencer, à légitimer l'autorité et à se soumettre docilement à ses injonctions, à détourner le regard, à laisser faire, à infliger des souffrances, n'est pas le fait de peuples ou d'individus éloignés qui seraient par nature égoïstes, indifférents, insensibles, sadiques. Nous savons par expérience personnelle combien cette propension peut être le fait d'êtres ordinaires, combien elle peut être notre propre fait.

Un si fragile vernis d'humanité souligne la facilité interpelante avec laquelle, mis dans certaines circonstances (qui ne correspondent pas nécessairement à des situations extrêmes), nous pouvons ne pas nous conformer à nos sentiments de compassion ou d'empathie, à nos convictions réfléchies, à notre conscience éclairée et agir par-là contre nos propres intérêts.

A partir de résultats d'expériences de psychologie sociale, cet ouvrage propose une analyse minutieuse et rigoureuse de phénomènes qui ont pour effet que, dans des circonstances qui mériteraient une (ré)action, nous nous soumettons servilement à l'autorité ou nous nous conformons au groupe en restant passifs face à une situation de détresse ou de malheur. Il s'intéresse à ce qui fait que des gens ordinaires peuvent (être amenés à) adopter des conduites destructrices, passivement ou activement, par exemple celles qui ont rendu possibles les rafles, la déportation et l'extermination d'un nombre incalculable de personnes juives durant la seconde guerre mondiale.

A partir d'enquêtes menées auprès de personnes qui ont adopté des conduites exemplaires au péril de leurs biens, de leur situation et/ou même de leur vie, Michel Terestchenko s'est interrogé sur la nature de leurs motivations et sur ce qui fait que, face à une situation qui suscite de la compassion ou de l'empathie, un individu porte secours et assistance et l'autre non. Le premier agit-il de la sorte par simple sens moral, par sentiment de compassion ou d'empathie, par pitié, par le fait de son éducation, par souci de respecter les attentes d'un groupe social (famille, église, etc.), par conviction, par foi dans ses valeurs, par obligation morale impérative ?

Il apparaît que, dans la pratique, les conduites altruistes ne procèdent pas naturellement d'une volonté d'obéir à un impératif moral qui serait édicté par la raison comme une prescription s'imposant indépendamment de toute circonstance particulière. Il apparaît également que l'engagement altruiste ne résulte pas de la seule existence d'un sentiment de compassion ou d'empathie et qu'aucune motivation n'en constitue à elle-seule une cause mécanique. *Un si fragile vernis d'humanité* s'intéresse tout particulièrement à ce qui suscite le « passage à l'acte », à ce qui fait qu'une personne vient effectivement en aide plutôt que de rester simple spectatrice ou de se détourner.

La nature originairement affective du sentiment qui pousse à l'action n'est pas à mettre au compte de la sensibilité seule mais plus largement au crédit d'un ébranlement de la personne qui la connecte au sens de sa responsabilité envers autrui. L'action altruiste jaillit d'un sentiment qui génère une obligation d'agir face à une situation d'urgence ou de détresse reconnue dans son objectivité. Une conduite altruiste ne procède pas d'une cause unique, d'un simple sentiment d'empathie, mais plutôt d'un mixte de facteurs subjectifs et autres qui, sans avoir a priori besoin d'une justification quelconque, mettent mystérieusement l'être en action sous l'effet d'une cause déterminante qui sert de déclic, d'une cause qui peut passer par le sentiment d'une obligation allant de soi ou par le sentiment d'exister authentiquement que procure la fidélité à soi.

La conscience du devoir de quitter une position de spectateur ou de simple témoin, de faire face et d'agir, peut s'enraciner dans un sentiment spontané et ne pas être le fruit d'un raisonnement. Il ne suffit cependant pas d'éprouver un sentiment de compassion ou d'empathie pour agir nécessairement en conséquence. C'est finalement la résolution du passage à l'acte, le fait de se lancer, généralement sans longue délibération ni calcul, qui constitue l'élément clef de l'action altruiste.

L'auteur d'*Un si fragile vernis d'humanité* nous invite à ne pas considérer l'altruisme comme le contraire de l'égoïsme, à penser nos conduites à partir des notions d'absence ou de présence à soi. La présence à soi, à ses valeurs, à ses convictions, est faite de vigilance, de lucidité, de courage et d'esprit de résistance.

Elle n'est pas le simple fruit d'une détermination, c'est une dynamique dont il est possible de susciter le développement par le biais de l'éducation et par une discipline personnelle.[13]

---

[13] « *Absence à soi d'une individualité défaillante, inconsistante, prête à succomber à toutes les formes de domination, d'asservissement et de passivité, mais non pas dénuée de tout sens moral ; présence à soi, au contraire, d'un être doué d'une puissante ossature intellectuelle, spirituelle, morale, ..., d'un équilibre intérieur ... qui le rend capable de résister à l'oppression, à l'injustice, aux aliénations de l'idéologie dominante, capable de voir l'inacceptable, de discerner le mal comme tel et d'agir en conséquence. Capable en somme de se dresser contre l'ordre établi du monde et de se poser comme une conscience libre et bienveillante.* ». (p. 18-19)

De l'individuel au personnel

En matière de morale, tout est dans tout, dans son endroit et dans son envers, dans le moi d'abord et dans le souci d'autrui qui s'opposent et se complètent. Les humains sont à la fois solitaires et solidaires. Pour leur survie et pour celle des groupes particuliers dont ils sont membres, ils ont mutuellement besoin du concours, de la coopération, de l'assistance et du secours de leurs congénères. Tout en étant viscéralement tournés vers eux-mêmes, ils sont radicalement liés entre eux par des formes diverses d'interdépendance et à la fois divisés par l'existence d'intérêts opposés et contradictoires. Dans ce contexte paradoxal, il ne saurait y avoir de morale authentiquement personnelle sans l'éducation qui la précède, sans le creuset des morales collectives et sociétales qui ont leurs utilités respectives, leurs valeurs, leurs logiques propres, leurs discours et leurs limites.

Parachuté dans un univers qui le dépasse, l'être humain se situe à partir d'une vision des choses qui dépend de son tempérament, de son éducation, de sa situation personnelle, de ses croyances, de ses capacités et des intérêts auxquels il veille. Au gré des circonstances, il se définit par ses appartenances à l'une ou l'autre communauté d'intérêts, à un État, à une région, à une tribu, à un clan, à divers groupes et sous-groupes dont il est à chaque niveau et sous diverses formes une cellule de base. Il se définit aussi et surtout par les identités personnelles qui font de lui un être singulier.

L'expérience montre que la prééminence des morales générales qui imposent leurs valeurs et la coexistence de celles-ci avec des morales individuelles qui toutes sont particulières et intéressées n'empêche pas l'émergence possible d'une pensée personnelle qui, surabondamment, nourrisse l'être intérieur et expose celui-ci à des choix qui lui soient résolument propres.

Nos choix individuels s'inscrivent dans une histoire qui charrie inlassablement les êtres et les choses, apparemment sans grand souci de cohérence. Rien ne nous empêche pour autant de penser notre vécu singulier en lien avec le passé et le futur de l'humanité et de ses histoires personnelles et collectives qui se bousculent et s'interpénètrent. Cette pensée unifiante, qui passe par la recherche lente, patiente, illusoire et imparfaite de l'inaccessible et improbable unité de l'être et du monde en général, permet de lutter contre la tentation naturelle de morceler les choses, de diviser les êtres, de se réfugier au cœur de fragiles forteresses, de vivre exclusivement au service d'intérêts individuels qui se racrapotent banalement sur eux-mêmes.

La vie nous offre moultes possibilités de partir à la découverte d'une forme de morale artisanale, terre à terre et exigeante, qui soit à la mesure de nos capacités, de nos forces et qui à la fois les dépasse. Partir ainsi à la recherche d'une morale qui ne soit pas à faire mais bien à vivre, à la recherche aussi d'une moralité qui n'aurait étrangement rien à voir avec une quelconque morale purement individuelle et particulière.

La part personnelle dans le fait moral, que j'appelle moralité, trouve sa pleine dimension lorsqu'elle exprime la volonté de penser symboliquement son parcours individuel comme une action étendue sur une vie entière et de se donner pour ce faire, sans mobile et librement, d'une façon pragmatique et raisonnée, au quotidien et dans la durée, une orientation et des principes d'action modestes, réalistes et tenables qui s'inscrivent dans ce que la vie a de créatif, d'intensif et de généreux.

La recherche de cette part personnelle est ardue, éprouvante et exigeante. Elle s'accompagne tout naturellement de périodes d'incertitude ou de doute, de sentiments de découragement, de fatigue, d'impuissance, notamment lorsque les idées et les salutaires illusions qui la soutiennent apparaissent en opposition flagrante avec les réalités ambiantes. Elle passe par l'effort, par l'entraînement, par la volonté, par la création d'habitudes, par l'imagination et par un travail sur soi. Elle n'est pas faite de convenances et de conformités. Elle se réalise et se révèle au travers d'actes concrets et quotidiens plus que par les connaissances et les raisonnements qui l'accompagnent. Elle veille à s'adapter aux replis du réel en se faisant souple et raisonnable. Elle n'a que faire de beaux discours puisqu'elle n'a personne à persuader ou à convaincre.

Il apparaît plus difficile encore d'aller à la rencontre de l'intimité d'autres personnes du fait que, quels que soient nos capacités et nos désirs d'écoute, de sympathie, d'empathie, de compassion, il nous est foncièrement impossible de nous glisser dans la peau, dans le cœur et dans la tête d'autrui. Dans toute relation, si profonde soit-elle, si aimante soit-elle, il reste une place irréductible pour le non-dit, pour l'indicible et pour ce l'on appelle communément le jardin secret. Il en va ainsi pour tout ce qui procède de l'amour humain.

L'amour humain est fait d'un mélange de désirs, de tendresse, de complicité, de liberté, de volonté, d'intelligence, de fragilité, de faiblesse, de solitude, de souffrance aussi. Il plonge ses racines dans le plus profond de l'être. Force de vie, il saisit l'être tout entier. Il a soif d'unité, d'harmonie. Force fragile, il se nourrit des différences. Mer entre deux rivages, il habite les gestes quotidiens. Il donne la vie en unissant deux solitudes. Il est exclusif et généreux à la fois. Il grandit et s'épanouit dans la durée et la confiance. Fait d'exigences plus que de contraintes, il ne se laisse par enfermer. Toujours à recréer, il reste limité et vulnérable.

Dans l'ordre de l'intime et de l'indicible, la moralité est à la morale individuelle ce que l'amour humain est à l'amour. A la lisière du vécu individuel et du vécu social qui s'interpénètrent, elle est en quelque sorte le jardin secret de la morale, le lieu privilégié des colloques personnels. Pour l'être qui choisit de s'y parler vrai, elle requiert une juste estime de soi, l'intime conviction que sa conception du bon et ses projets de vie sont dignes d'être mis en œuvre ainsi que la confiance dans sa capacité à réaliser ce qui est en son pouvoir.

La moralité se forge dans le secret de l'être, à la lumière d'une conscience qui est hors de portée des autres consciences. Elle peut d'autant plus s'y développer et s'y épanouir qu'elle laisse peu de place aux idées d'obligation et de sanction. Elle n'est pas désintéressée, mais inverse la notion d'intérêt : il s'agit moins d'agir par intérêt que de porter intérêt à … Comme la plante qui ne peut s'empêcher de fleurir, elle n'a pour seul vrai maître que les appels de la vie.

Éthiques et sagesses

Il peut paraître étonnant que cet essai s'accroche au fait moral sans réserver une digne et large place aux notions d'éthique et de sagesse. Ce choix résulte du fait que la sagesse et l'éthique n'ont pas besoin de fondement et qu'elles peuvent être considérées non comme des éléments premiers de nos morales mais plutôt comme des dispositions et des dynamiques possibles de celles-ci.

La sagesse, au sens où elle est entendue ici, s'exprime par le désir d'un vivre bien et par la recherche d'une vie bonne sans référence nécessaire à une quelconque transcendance. Elle se fonde sur la fécondité du doute, sur la vanité de certaines quêtes (biens, honneurs, pouvoirs et consorts), sur la stérilité des passions tristes (colère, envie, haine, jalousie, pitié, ressentiment, etc.) et de surcroit sur le fait qu'il n'existe pas de doctrine, pas de recette, pas de tradition, pas de devoirs absolus ou de grands principes qui puissent servir de règle infaillible et uniforme de bonne conduite. Partant de ces constats, elle se préoccupe de moyens à mettre en œuvre pour tenter d'atteindre la tranquillité de l'âme dans un monde radicalement imparfait.

N'étant moi-même sage qu'en surface et par intermittence, je n'évoquerai ici que des sagesses perçues chez d'autres qui s'appliquent à prendre du recul et à connaître malgré les inconnues, chez d'autres qui vivent au présent, goûtent les choses simples, écoutent, débattent, se réjouissent, restent sereins et s'affirment avec humilité. J'apprécie ces diverses formes de sagesse qui puisent leurs forces dans les mystères de l'existence, qui parlent de la vie telle qu'elle est, qui adoptent le rythme de la marche pour attendre patiemment ces moments bénis qui permettent d'offrir les quelques mots, les silences et les gestes qui conviennent.

Prise en son sens général, tant au niveau social que personnel, la notion d'éthique inspire à la fois les idées d'obligeance et de long terme. Elle suppose une détermination qui se forge à partir d'un désir de connaissance des faits et de leurs causes, d'un sens de l'écoute, d'un souci d'échange et de débat. Fruit d'un colloque intérieur et/ou d'une délibération collective, l'éthique s'entoure de balises et se réalise à partir de règles de vie qui inscrivent l'action dans la durée.

Les éthiques particulières se situent du côté des valeurs et des principes déontologiques. Au niveau collectif, elles passent par des pratiques attentives, par le respect consciencieux de certaines règles codifiées et par le souci de s'adapter vaille que vaille à l'évolution de leur environnement. C'est ainsi que l'on parle d'éthique commerciale, journalistique, médicale, militaire, professionnelle, sportive, etc.

Les êtres humains naissent inachevés et demeurent immatures et inaccomplis durant toute leur vie. Ce qu'ils tiennent de leur appartenance au règne animal ne leur permettant pas d'assurer pleinement leur accomplissement sur le plan personnel et social, ils sont nécessairement amenés à se doter de morales diverses qui, au-delà des mots, ne valent finalement qu'à mesure de ce qu'ils en font. Dans ce cadre, les différentes formes d'éthique et de sagesse constituent autant de torches complémentaires qui peuvent s'avérer bien utiles, pour ne pas dire vitales, dans les dédales de l'existence.

Partir des lois naturelles

Le monde végétal et le monde animal sont régis par des lois qui touchent au cycle de la vie et de la mort, à la reproduction, à la survie des espèces. Notre espèce qui continue à faire partie du monde animal reste soumise à des lois naturelles qui n'ont rien de moral étant donné que, dans ses dimensions organique, végétale et animale, la Nature existe pleinement sans se référer à des valeurs, sans éprouver le besoin de faire une quelconque distinction entre le bien et le mal.

L'avènement et le développement graduel des consciences individuelles et collectives ont engendré un foisonnement de morales particulières. Au cœur de ce foisonnement, existe-t-il une loi morale naturelle, une loi antérieure à l'avènement du genre humain, une loi supérieure qui serait inscrite dans un ordre immuable ?

A la lumière de tout ce qu'il m'a été donné d'observer, je pense que l'origine du fait moral et plus particulièrement celle des morales humaines peuvent être recherchées essentiellement au cœur du vivant en lien avec la nécessité d'apporter des réponses adéquates aux contraintes résultant de la vie sur terre et plus spécialement de la vie en société. Dans ce cadre, je choisis de postuler que les morales humaines ne sont régies par aucune loi supérieure qui serait dictée de l'extérieur. Dans un même ordre d'idées, je pense qu'il n'est pas possible de dégager clairement d'une conception de la nature humaine des principes de droit naturel auquel le droit positif serait moralement tenu de se conformer. Il s'agit plutôt de mettre des mots sur des principes généraux susceptibles de contribuer à la bonne marche, à la survie et à l'épanouissement de notre humanité.

Les devoirs moraux que notre espèce s'est donnée et se donne à elle-même résultent directement des cultures dans lesquels ils baignent. Ils ne peuvent raisonnablement être conçus comme des obligations objectives programmées du ciel ou de l'extérieur. Ils s'imposent finalement comme les fruits des lois naturelles du monde animal et des nécessités engendrées par l'avènement et les évolutions du genre humain.

Aucune personne avisée n'imagine une société fondée sur le mensonge, sur le chacun pour soi, sur l'indifférence, sur la violence. *Tu ne mentiras point*, *Tu ne nuiras pas à tes semblables*, *Tu porteras assistance aux personnes en danger*, *Tu ne tueras point*, *Tu n'infligeras pas de souffrance sans motif légitime* et les autres devoirs fondamentaux que l'on retrouve dans les différentes civilisations n'émanent pas de lois de la nature à proprement parler, mais de normes culturelles à vocation universelle qui peuvent être virtuellement assimilées à des lois de la nature dans la seule mesure où elles sont partout devenues absolument nécessaires à la vie et à la survie des sociétés ainsi qu'à la préservation de la vie mentale et sociale des individus qui les composent.

Le fait que les hommes aspirent en théorie à des principes et à des normes pouvant être considérés comme universels, mais qu'ils se préoccupent surtout de leur propre bien-être et de celui de leur entourage, n'enlève rien au fait que l'expérience morale personnelle, tout en restant singulière et solitaire, est secrètement liée à la dimension universelle de notre condition. Cette condition s'inscrit dans la réalité d'un tout immense qui nous dépasse tant au niveau du temps que de l'espace, d'un tout qui parle le langage silencieux de la Nature. Nous faisons partie d'un monde commun qui peut être considéré symboliquement dans sa globalité.

Jean-Marie Guyau a approfondi la question des liens qui unissent la Nature et la morale. Esprit précoce, cultivé et brillant, il laisse une œuvre conséquente qui est étrangement restée méconnue. Sa courte vie sera profondément marquée par la maladie. Atteint par la tuberculose, il mourra en 1888.

Dans ***L'esquisse d'une morale sans obligation ni sanction***, Jean-Marie Guyau compare l'être humain à une plante qui ne peut s'empêcher de grandir et de fleurir et situe l'origine de la morale dans un principe d'expansion naturelle, de fécondité et de générosité qui est inscrit au cœur de la Nature.

Il invite le lecteur à préférer à la simple recherche de la jouissance et du plaisir un mode d'action qui soit délivré de l'idée d'un devoir vécu comme le sentiment d'une nécessité ou d'une contrainte. Pour qui le veut bien, il s'agit de rechercher, dans le respect des lois de la nature en général et de la nature humaine en particulier, ce qui convient à son essence et permet de préserver et de développer la face positive de sa puissance d'agir et d'exister.

« La morale est cela même : non une loi universelle qui s'imposerait à un sujet (religion, descente : commandements et impératifs catégoriques), mais une solitude qui s'érige – imaginairement et pour soi seul – en exigence universelle. ... Toi seul sais ce que tu dois faire, et nul ne peut juger, ni vouloir, ni agir à ta place. Solitude et grandeur de la morale : tu ne vaux que le bien que tu fais. » (B, p. 148)

La Nature ne peut s'empêcher

Jean-Marie Guyau propose une vision dynamique de la morale qui part de la vie et des forces qui l'animent. Une conception qui interpelle tant les morales générales que les morales individuelles.

Ni bonne ni mauvaise, la Nature va de l'avant, sans se retourner et vraisemblablement sans but défini. Comme la plante qui ne peut s'empêcher de grandir et de fleurir, elle ne peut se maintenir qu'à condition de se réaliser, de se développer. C'est au cœur de la vie elle-même, à partir des réactions primaires et primordiales de la matière organique et plus encore de celles des êtres sensibles, qu'il faut rechercher l'origine des phénomènes sociaux et moraux.

Une observation ordinaire de la nature humaine laisse apparaître que les actes inconscients et automatiques s'accomplissent naturellement dans la direction de ce qui leur oppose la moindre résistance, tandis que la vie consciente a tendance à suivre la ligne de ce qui lui procure la moindre souffrance. Dans ce cadre, la direction naturelle de tout acte plus ou moins conscient ou volontaire est de subir un minimum de peine et d'atteindre un maximum de satisfaction.

Il existe au cœur de la nature humaine des forces vives qui demandent à se dépenser, à se développer et à se répandre. Vivre, c'est agir et s'obliger à agir davantage. Ce qui est premier et ultime, c'est la vie. Au lieu d'être une fin réfléchie de l'action, la jouissance n'en est qu'un attribut. A côté du plaisir suscité par la conscience d'exister, de vivre, de vouloir, de penser et d'agir, tout plaisir déterminé gagne à être considéré comme un effet plutôt que comme un but.

Sentir au fin fond de soi que l'on est capable d'entreprendre, de réaliser, d'offrir, c'est se sentir obligé. Le devoir devient une source de liberté lorsqu'il n'est pas le simple fruit d'une contrainte et qu'il est plutôt l'expression d'un pouvoir. Il puise sa source dans la conscience d'une surabondance de vie qui demande à s'exercer, d'une puissance intérieure dont la nature est supérieure aux autres puissances. Le sentiment d'un devoir n'est en fait rien d'autre que la conscience réfléchie de pouvoirs qui existent en nous et qui nous poussent à agir. Sentir intérieurement ce que l'on est capable de faire de grand, de beau et de bon, c'est prendre conscience de ce que l'on a librement le devoir de faire.

L'origine de l'obligation morale ne se trouve pas dans une cause absolue située en dehors de la Nature ni dans la sphère étroite de la raison et d'un prétendu libre-arbitre. Elle est à rechercher en amont et plus largement dans le monde sensible dont l'intelligence humaine n'est qu'une facette. C'est dans les jaillissements de la vie elle-même que nous sommes invités à puiser une morale qui parte des faits et qui repose sur tous les moyens permettant de préserver et de développer la vie matérielle et intellectuelle.

Le devoir-être, le devoir individuel de soi à soi, comprend le développement physique, le développement intellectuel et, surabondamment, le développement moral. L'obligation morale, qui procède d'un appel intérieur de la vie et de l'exercice d'une puissance d'être et d'agir, se distingue clairement de l'obligation sociale qui résulte d'une contrainte exercée de l'extérieur par une société.

Procédant de phénomènes qui ne sont ni purement inconscients ni purement conscients, la morale se définit et se réalise à la limite entre la sphère inconsciente et la sphère consciente du raisonnement et de la volonté réfléchie. Pour qui le veut dans sa tête, dans son corps, dans son cœur, dans ses actes, il s'agit de chercher à concilier les contraintes et les contradictions de la vie sociale avec le désir d'une vie personnelle qui soit intense, généreuse, variée.

La morale est un fait qui, comme la Nature dont elle émane, n'a pas besoin d'être fondé. La vie possède un principe d'action supérieur à la recherche du plaisir et au rejet de la souffrance. Tournée vers sa conservation et son propre développement, elle est et reste à la fois le mobile initial et la finalité de la morale. Dans ce contexte, la moralité, c'est la vie intense, expansive et, à la fois, sociale et sociable.

Il y a lieu de considérer la vie comme devant être non pas exploitée, mais conservée, augmentée et propagée. Tant dans la dimension collective que dans la dimension individuelle des morales, le but à atteindre ne peut être que la conservation et le perfectionnement de la vie au niveau de l'espèce et de l'individu.

Pour Jean-Marie Guyau, les principes de la morale doivent se conformer aux lois les plus profondes de la vie elle-même, à des lois naturelles et empiriques qui valent pour tous les êtres vivants. Dans ce cadre, le devoir moral de l'être humain, qui s'astreint à ce qu'il est appelé à être, est lié à tout ce qui permet la conservation et le développement du genre humain.

Ce devoir, qui passe par la conscience d'une puissance créatrice qui existe en nous, n'a rien à voir avec un état de contrainte exercée du dehors. Dans sa dimension positive, il correspond à l'exercice d'un pouvoir intérieur, à la recherche et à la réalisation de ce qui est approprié et conforme à un certain nombre de lois naturelles qui trouvent leur source dans les dynamiques de fonctionnement du vivant, végétal, animal et humain.

Cette morale n'est pas la négation des morales métaphysiques ou religieuses ; elle se construit dans une sphère différente où elle repose sur une tension visant à unifier le corps et l'esprit, à unifier la pensée et l'action, à unifier l'être, à rapprocher les êtres dans de puissants élans de vie. Dans une dynamique inverse, devient immoral ce qui sciemment fait obstacle à ces élans de vie.

L'individu a besoin d'exister aux yeux d'autrui, de (se) réaliser, de se sentir grand, d'avoir conscience des pouvoirs de sa volonté. Cette conscience, il l'acquiert et la préserve dans une lutte contre les débordements du moi, contre l'emprise des passions, contre les obstacles matériels et intellectuels qui jonchent ses chemins. La raison le pousse à se donner pour but de développer et d'épanouir sa vie personnelle dans toutes ses dimensions et à choisir pour moyen le fait d'être un être social et sociable.

La Nature et la raison portent en germe l'idée et le désir du mieux. Elles prescrivent à chacun d'être actif et conscient, de conserver et de développer son existence, de rechercher par priorité ce qui lui est foncièrement utile et surabondamment ce qui le conduit à une perfection plus grande. Dans ce cadre, apparaît bon tout ce qui s'accorde avec son essence, ce qui conforte sa puissance d'agir, d'affirmer, de réagir, de résister. Il en va notamment ainsi de ce qui le rend joyeux et lui permet d'exister davantage, à l'intérieur et à l'extérieur de lui-même.

Les animaux luttent et, au sein de diverses espèces, coopèrent pour vivre et pour survivre. Les humains ont en outre la possibilité de le faire pour vivre mieux, pour se développer, pour acquérir des biens supérieurs qui ajoutent à l'intensité et à la qualité de la vie.

L'évolution morale de notre espèce et des individus qui la composent n'est pas mécanique. Elle est autant susceptible d'amélioration que de régression. En devenir, la vie prend sa pleine dimension lorsque la recherche de la plus grande intensité passe par des activités supérieures et psychiques, lorsque la tendance à l'expansion externe se manifeste par l'accord avec autrui, par la sympathie et l'affection, au lieu de se manifester par la violence et la brutalité.

Plus l'individu devient conscient, nous dit Jean-Marie Guyau, plus il a conscience des fonctions diverses qu'il peut accomplir et plus il se voit, se comprend et se pense lui-même dans son rôle d'être social. Citoyen d'un État, citoyen de l'univers à part entière, il reconnaît qu'il ne peut se désintéresser de ce qui l'entoure et de ce qui dépend de lui et il découvre qu'il peut exercer une action positive autour de lui, assumer volontairement sa part et laisser sa marque sur les choses.

Un appel silencieux

La philosophie de Jean-Marie Guyau nous invite à quitter notre état de chrysalide pour répondre à un appel silencieux de la vie. Elle se fonde sur un principe d'action ouvert à chacun de nous et à l'espèce humaine dans son ensemble. Elle esquisse la perspective d'une morale sans récompense ni sanction dont elle montre la richesse et la fécondité.

Le fait qu'elle est formulée en termes généraux et qu'elle n'est accompagnée d'aucun précepte particulier a pour conséquence naturelle qu'elle peut être lue et interprétée de diverses manières. A mes yeux, elle peut être considérée comme une philosophie positive, dynamique et féconde qui nous appelle à quitter progressivement les chemins rigides du devoir, par lesquels il faut nécessairement passer, pour laisser place à une moralité bienveillante, durable, ordinaire et réfléchie.

Dans son esquisse d'une morale fondée sur la vie, Jean-Marie Guyau formule nombre d'idées qui figuraient déjà dans l'œuvre de Spinoza, philosophe du dix-septième siècle qu'il cite très peu. Les œuvres complètes de Spinoza ont été publiées en 1955 dans la Bibliothèque de la Pléiade avec les commentaires de Robert Misrahi. La lecture de **L'Éthique,** l'œuvre majeure de Spinoza, est ardue tant au niveau du fond que de la forme. Elle nécessite un solide bagage philosophique et de la détermination. Après avoir rebroussé chemin à plusieurs reprises, j'ai pu finalement aborder indirectement la pensée de Spinoza à l'aide de deux livres choisis parmi les nombreux ouvrages qui lui sont consacrés : **Être heureux avec Spinoza** (Balthasar Thomass, Editions Eyrolles, 2010) et **Le Miracle Spinoza : Une philosophie pour éclairer nos vies** (Frédéric Lenoir, Fayard, 2017).

Spinoza présente Dieu comme une substance qui coïncide avec le tout de la Nature et non comme un être. Il considère que la vie de l'homme est conditionnée et déterminée et propose une conception englobante de l'univers et de la place de l'homme au sein de celui-ci à la lumière d'une vision particulière de ce qui peut être considéré comme utile, comme bon et comme mauvais, comme bien et comme mal, vision développée dans le prochain chapitre.

Spinoza s'est intéressé à la vie en société et a consacré une grande partie de son œuvre à une réflexion sur la politique et sur les moyens nécessaires pour permettre aux hommes de vivre dans la concorde au cœur de cités soumise aux lois les plus justes possible. C'est ainsi qu'il a préconisé l'instauration d'un État démocratique basé sur la liberté de pensée, sur la libre expression, sur la séparation nécessaire de L'Église et de l'État et sur la négociation d'un contrat social visant à favoriser la concorde.

Il importe de garder présent à l'esprit le fait que Spinoza s'est exposé physiquement. Il sera exclu de la synagogue, excommunié et banni à vie de sa communauté. Il sera contraint de quitter sa famille. Il fera l'objet d'une tentative d'attentat et sera persécuté par le pouvoir en place pour ses idées politiques.

Les développements de l'Éthique sont méthodiques, ordonnés et rigoureux. La présentation proposée ci-après de la philosophie de Spinoza constitue en fait la synthèse d'éléments recueillis dans les ouvrages précités de Balthasar Thomass et de Frédéric Lenoir qui apparaissent convergents et complémentaires.

Le système Spinoza

Aux yeux de Spinoza, Dieu n'est pas une personne et ne doit pas être considéré comme un être qui aurait créé le monde de l'extérieur. Il peut être défini comme une substance unique, infinie, parfaite et immuable qui coïncide avec la totalité de la Nature et de l'univers. Cette substance n'a aucun désir, aucun sentiment, aucune émotion, aucune intention, aucune préférence. Elle n'attend rien et ne juge pas. Elle est sa propre cause et à la fois la cause de tous les éléments de l'univers qui s'agencent dans une multitude de modes finis et périssables.

Dans la Nature, rien n'est sans cause. Les choses y sont déterminées par un enchaînement de causes, par l'effet d'une cause qui a été déterminée par une autre cause, celle-ci l'ayant été elle-même par une autre et ainsi à l'infini. Le genre humain fait partie intégrante d'une immensité dont il suit l'ordre. Comme les autres créatures, les hommes furent, sont et seront inexorablement soumis à la loi de la gravitation universelle, aux forces et aux déterminismes de la Nature.

L'humain est fait de chair et de sang ainsi que de la pensée qui les accompagne. Son âme, son esprit, sa pensée et son corps constituent une réalité unique, un tout indissociable. Son corps pense et perçoit les choses à travers le prisme de ses propres besoins physiques et psychiques, de ses désirs et des effets particuliers que les choses environnantes exercent sur son être. La qualité de ses actes est en partie liée à son niveau de connaissance et de compréhension des causes diverses et multiples qui le font vivre.

Plus l'humain s'imagine indépendant et libre, plus il est susceptible de se laisser leurrer par ce qui l'affecte et particulièrement par des passions affligeantes, qu'il s'agisse de les satisfaire ou de leur faire face. Plus sa volonté lui semble forte, plus il a tendance à croire que cette force procède de cette volonté alors que le bon sens montre qu'elle vient d'ailleurs. Plus il croit au libre-arbitre et pense décider de manière indépendante, plus il perd de vue que la conscience qui accompagne une décision n'est en fait que l'aboutissement d'un processus complexe qui a permis le déclenchement de cette dernière. En fait, ses actions ne sont pas directement déterminées par sa volonté mais par une série de causes internes et extérieures.

Lorsqu'il se laisse mener par ses perceptions et ses émotions, lorsqu'il est sous l'emprise d'appétits et de passions, l'humain pâtit de causes extérieures et n'est que partiellement cause de ses actes. En revanche, dans la vie accomplie où il assume les contraintes, il peut être cause finale de ses actes et accéder ainsi à la liberté qui lui permet de se déployer dans l'agir.

Penser l'agir dans le cadre d'un certain déterminisme, ce n'est pas se contenter de suivre avec fatalisme le cours des choses. L'acceptation du déterminisme et du fait que nos actions sont les effets nécessaires de la rencontre entre les circonstances et notre situation du moment nous permet d'être moins affectés par nos émotions, par nos passions et de nous libérer autant que possible de sentiments d'inadéquation, d'indécision, de mésestime, de culpabilité, de pitié, de regret, de remords.

Dès le moment où il s'avère qu'une action est l'effet nécessaire d'une cause, ma liberté personnelle peut s'exercer à partir d'une perception plus adéquate de ma propre nature, d'une connaissance des causes qui déterminent mes actions. Cette liberté nouvelle procède d'une détermination intérieure qui me pousse à agir conformément à ma propre nature sur base de motifs conçus avec clarté par la raison.

L'homme libre a le devoir naturel de préserver et de conserver son être et, à la fois, de développer et d'accroître de manière positive sa puissance d'exister et sa puissance d'agir. Au plus il agit conformément à sa nature avec l'aide de la raison, au plus il participe à la perfection de la Nature.

Le rôle de la raison est de repérer ce qui éveille en nous un sentiment positif apte à contrer l'affect négatif qui nous plonge dans la tristesse. La raison transforme nos désirs d'une manière positive lorsqu'elle clarifie notre manière de sentir, de connaître et de comprendre et qu'elle fait que nos actions ne sont plus les simples fruits de pressions que nous subissons d'une manière passive.

La force par laquelle l'homme tente de préserver son être et d'exercer sa puissance est limitée par les pressions internes et extérieures. Là où il serait vain de lutter contre le vent ou le courant, il convient plutôt de prendre adroitement le vent dans les voiles ou d'user du courant pour aller à bon port. Connaître une chose de manière adéquate, c'est savoir comment réagir, comment la traiter et, le cas échéant, comment agir grâce à elle. C'est par exemple partir du fait qu'un sentiment négatif ne peut être contrarié ou neutralisé que par l'émergence d'un sentiment contraire qui soit plus fort que celui-ci.

L'idée selon laquelle nous serions poussés à désirer ce qui est beau, ce qui est bon, est une idée inadéquate. En fait, c'est parce que nous désirons une chose que nous la trouvons belle ou bonne. Essence de l'être, le désir exprime une puissance. Une connaissance et une compréhension des causes réelles de nos désirs, de nos émotions, de nos sentiments et de nos passions nous permettent d'y puiser de l'énergie et, si nécessaire, d'en changer le cours. Elles nous permettent de partir des déterminismes qui nous constituent et d'utiliser nos contraintes internes et les contraintes extérieures du monde physique et du monde social en considérant celles-ci comme de simples réalités plutôt que comme des obstacles.

D'une manière binaire, notre corps-esprit fonctionne à partir de perceptions de douleur ou de plaisir, de sentiments de joie ou de tristesse. C'est le sentiment de joie qui nous renseigne quand nos connaissances et ce que nous vivons dans la foulée de celles-ci correspondent à notre nature, augmentent notre puissance d'agir et nous permettent de tendre à une plus grande perfection. L'esprit est actif et joyeux quand il est éclairé par la raison et qu'il développe des idées claires qui lui permettent de comprendre et d'agir conformément à sa nature. Il est passif et triste lorsqu'il subit les sensations, les émotions et les impressions sans chercher à les comprendre et qu'il développe des idées qui l'égarent et l'affaiblissent.

Une connaissance correcte des causes libère l'homme des idées confuses qui l'écartent de sa nature et lui permet de transformer ses affects passifs en affects positifs et d'orienter de manière lucide ses choix et ses actions. Elle augmente sa puissance d'agir et procure des idées adéquates qu'accompagne un sentiment de joie qui le pousse à l'action. Elle s'inscrit dans une dynamique où la joie suggère l'action et où l'action procure de la joie. La connaissance des causes engendre l'idée qui contient sa propre volonté. La meilleure façon de se décider, c'est d'accumuler l'ensemble des connaissances et des idées adéquates qui en fin de compte peuvent permettre au choix de se faire de lui-même sans l'apport d'une quelconque volonté.

Les actions générées par des idées confuses et irrationnelles ne constituent pas nécessairement des fautes au niveau moral mais sont plutôt de simples erreurs qui résultent d'une ignorance, d'une méconnaissance ou d'une connaissance incorrecte des choses. La colère, la culpabilité, l'envie, la haine, la jalousie, le mépris, la mésestime de soi, la moquerie, l'orgueil, la pitié, la rancœur, la rancune, le remords, la vanité constituent autant de sentiments et de passions tristes qui altèrent notre puissance d'exister et d'agir. Les plaisirs, la richesse, les honneurs peuvent également être sources de tourments du corps et de l'esprit lorsqu'ils sont considérés et recherchés pour eux-mêmes plutôt que comme de simples moyens à mettre au service de fins dictées par la raison.

L'ignorance est la cause principale de nos maux. C'est elle qui nous pousse à juger sans connaître, à croire erronément à l'existence du bien ou du mal en soi. Ce qui apparaît bon pour l'un peut s'avérer mauvais pour l'autre. Ce qui est mauvais aujourd'hui peut être bon demain. Un aliment peut être bon pour un animal et mauvais pour l'homme. Une même musique peut être bonne pour une personne mélancolique, être contraire pour une personne dépressive et laisser indifférente une personne sourde.

Ce qui est bon est ce qui se révèle utile à la préservation de notre être et qui constitue un moyen approprié pour nous rapprocher du modèle de la nature humaine. Il y a lieu d'appeler bon ou mauvais ce qui stimule ou contrarie notre puissance d'agir et d'exister. Ainsi, les sentiments contraires à notre nature peuvent être considérés comme mauvais lorsqu'ils nous empêchent de connaître, de comprendre et de bien agir.

Lorsqu'ils sont gouvernés par la raison et qu'ils cherchent leur utile propre, les humains ne désirent rien pour eux-mêmes qu'ils ne désirent à la fois pour les autres et sont par conséquent justes, de bonne foi et honnêtes. C'est la recherche égoïste et intelligente de ce qui leur est individuellement utile qui les pousse à rechercher la compagnie d'autres personnes et à collaborer avec elles. Dans ce contexte, il y a lieu de considérer comme bon tout ce qui contribue à la collaboration et la concorde entre les hommes et tout ce qui les aide à devenir des êtres libres.

Dans l'état de nature, les notions de faute, de récompense et de sanction n'ont pas de place puisque la recherche de l'utile propre est la norme et que l'individu n'est finalement tenu d'obéir qu'à lui-même sans égard particulier pour le bien d'autrui. Elles prennent toutefois tout leur sens dans les sociétés où la politique délimite le droit de propriété, où elle décide de ce qui est permis, de ce qui est interdit et fixe des règles auxquelles chacun est tenu d'obéir sous peine de sanctions.

Pour que, de manière consciente et concertée, les hommes puissent se venir en aide, collaborer entre eux et vivre dans la concorde, il est nécessaire qu'ils considèrent que leur droit de nature ne régit pas leurs sociétés et les relations sociales. Il convient qu'ils se soumettent aux règles (qui doivent être) édictées dans la perspective de l'utile commun et qu'ils subissent des sanctions appropriées lorsque leur responsabilité civile ou pénale est engagée.

Spinoza distingue d'un côté la loi divine qui invite les hommes à se libérer de leur enchaînement aux passions tristes et de l'autre les lois humaines et les lois religieuses en particulier qui ont pour finalité d'agir sur le comportement des individus. Aux morales traditionnelles fondées sur le respect de règles et sur les notions de bien et de mal, il substitue une éthique reposant sur la recherche rationnelle et personnelle du bon et le rejet de ce qui engendre la tristesse.

Dans ce cadre, la vertu n'est rien d'autre qu'un agir selon les lois de sa propre nature à la lumière des idées claires et distinctes générées par la raison. Il ne s'agit pas de contenir sa propre nature ou de s'élever au-dessus d'elle mais seulement de la développer et de la fortifier. Désirée pour elle-même, la vertu du bien agir est sa propre récompense. La joie profonde qui l'accompagne n'est pas une joie promise, une joie future. De même, la béatitude que procure cette joie est non pas la récompense de la vertu mais la vertu elle-même.

Le sage use et jouit des choses de la vie en vue de contenter les besoins du corps et de tenir son âme en repos et en joie. Il s'efforce d'être pleinement conscient et actif. Il veille à bien agir afin de passer son existence présente de manière heureuse et d'accomplir ainsi ce qui est conforme à sa nature et lui permet de se rattacher de plus en plus à Dieu.

La connaissance de la partie qui prend conscience d'elle-même et de sa place dans l'univers se heurte à l'impossible connaissance du tout. En approfondissant sa connaissance de lui-même, sa connaissance des autres êtres et de toutes les choses qui l'entourent, l'humain a la possibilité d'augmenter sa compréhension de Dieu et de la Nature à laquelle il appartient et d'entrevoir la dimension éternelle de l'univers.

Pour Spinoza, la conception adéquate de la nécessité de toute chose et de l'ordre universel qui les intègre permet à l'homme d'accéder à la jouissance de la joie unique que procure un amour intellectuel infini pour Dieu, c'est-à-dire pour la Nature. Le souverain bien et la souveraine vertu de l'esprit est de connaître et d'aimer Dieu, substance unique. En dehors de toute idée de récompense, c'est dans cet amour que l'homme trouve sa souveraine perfection et son souverain bonheur.

A propos

A partir de son expérience de neurobiologiste, Antonio R. Damasio est allé à la découverte de la vie et de l'œuvre prémonitoire de Spinoza qui a développé des concepts et une approche qui préfigurent à ses yeux les recherches et les progrès effectués dans le domaine des neurosciences. Dans un livre qui présente une intéressante biographie de Spinoza (1623-1677), il explique en termes simples le fonctionnement de notre corps, les signaux que celui-ci envoie à l'esprit avec lequel il fait équipe, le rôle du cerveau, la place essentielle des émotions et des sentiments dans la constitution de nos raisons d'agir et dans nos comportements.[14]

Toute réflexion sur la Nature et sur la vie humaine en particulier se heurte à la complexité du réel. Dans ce cadre, le fait que la philosophie de Spinoza implique la nécessité d'une connaissance claire des causes et d'une écoute de la raison pose question dès lors que, paradoxalement,

---

[14] *Spinoza avait raison*, Joie et Tristesse, Le cerveau des émotions, Antonio R. Damasio, Éditions Odile Jacob, 2003.

nos connaissances s'avèrent éparses, infiniment partielles, bien souvent partiales et que la raison n'habite qu'une part limitée de nos raisons d'agir.

Toute notre activité mentale procède de subtiles interactions de notre cerveau avec les multiples circuits du corps auquel il reste branché jour et nuit et avec leur environnement physique, social et culturel. Notre moi a bien du mal à se convaincre du fait qu'il n'est pas une substance unique, qu'il n'y a en lui ni âme ni libre-arbitre, et plus encore qu'il est animé par des gènes, des hormones et des neurones qui obéissent à des lois biologiques, physiques et chimiques. Notre activité est aussi chamboulée par toute une série d'autres interactions observées à la loupe par la psychologie sociale qui étudie nos motivations secrètes et les influences de toute nature que nous exerçons les uns sur les autres dans les moments ordinaires comme dans les circonstances extrêmes.[15]

---

[15] Je vous suggère à ce stade la lecture de deux livres dont le premier relève spécifiquement du domaine de la psychologie sociale expérimentale : *Psychologie du bien et du mal*, Laurent Bègue-Shankland, Odile Jacob, 2011 et *L'influence de l'odeur*

Au niveau psychologique, nous sommes sous l'influence d'une myriade de facteurs qui ne sonnent pas tous avant d'entrer. La psychologie sociale expérimentale analyse et s'efforce d'expliquer la manière singulière dont nos pensées, nos émotions, nos sentiments, nos jugements et nos décisions peuvent être clairement influencés et même orientés par qui nous entoure. Elle s'intéresse notamment à l'incidence du regard de l'autre, au fait que nous avons tendance à sur- sous-estimer nos capacités selon les circonstances, au fait que des conduites personnelles peuvent être inhibées, suscitées ou stimulées par la simple présence d'autrui. Elle met concrètement en lumière le fait que nous sommes amenés à privilégier les informations qui correspondant à nos croyances et à nous laisser souvent convaincre de choses qui ne sont pas vraies. Elle étudie l'effet de groupe sur le comportement individuel ainsi que l'incidence des pressions sociales et de la présence de tentacules médiatiques.

---

des croissants chauds sur la bonté humaine et autres questions de philosophie morale expérimentale, R. Ogien, Grasset, 2011.

Le *moi moral* est bien souvent partagé entre le désir de s'affirmer et la tentation d'adopter la couleur de son environnement. Il lui arrive de porter un masque et de jouer un personnage chaque fois qu'il est animé par le désir de paraître, par le souci de plaire ou par celui d'offrir une image acceptable de lui-même. Et lorsqu'il s'efforce d'agir moralement, il lui importe généralement d'être perçu comme tel et de se forger une réputation.

Le fait que nos existences sont conditionnées, que nos volontés ne sont pas toujours ce qu'elles voudraient être et que nous offrons une image singulière de nous-mêmes, ne doit pas nous empêcher de préserver la faculté d'éveiller notre conscience, de prendre les reculs nécessaires, de (nous) parler vrai et d'agir en personne libérée et responsable (à concurrence de ce dont nous sommes la propre cause). Il me plaît de redire qu'il ne s'agit pas là de suivre un sentier escarpé réservé à une élite ou à un cercle d'initiés, mais qu'il s'agit plutôt d'emprunter des chemins à taille humaine qui tiennent compte de nos qualités et de nos défauts, de nos capacités et de nos limites.

Vivre le possible. Tendre vers le préférable. Agir comme on le peut en tentant de déceler ce qui est bon ou mauvais pour soi-même et pour les autres, non en théorie mais en fonction de circonstances concrètes et sous le regard du bon sens et de la raison. S'efforcer de vivre à propos, ici et maintenant et avec joie chaque fois que cela s'avère possible.

La moralité proposée par Spinoza n'est pas une disposition naturelle. Elle est marquée par le fait que, où que l'on aille, il n'existe pas de bien en soi dans les situations ordinaires. Elle peut se réaliser au quotidien et dans la durée tant dans les grandes choses que dans les simples. Elle est vigilante car elle sait que des idées générales qui semblent théoriquement claires n'offrent pas nécessairement des lignes de conduite précises et qu'il ne suffit pas de vouloir le bien et de s'efforcer de l'accomplir pour que le résultat soit bon.

Pour progresser dans les dédales de l'existence, chaque personne a la possibilité de développer des dispositions qui correspondent à sa nature, à ses capacités personnelles, à sa culture.

Des dispositions qui ne se résument pas à de simples méthodes, à de simples techniques. Des dispositions qui gagnent à saisir l'être tout entier, à la fois charnel et spirituel.

Nos morales collectives et nos morales individuelles autant que les philosophies, les politiques, les religions et les sciences se heurtent à des obstacles qui émergent de l'immense complexité du monde et de la nature humaine. Aucune voie n'a le privilège du vrai et du bien. Aucune réponse n'est complète ni satisfaisante. Aucune ne peut se dire elle-même supérieure aux autres.

Aussi beaux, imaginatifs et originaux soient-ils, les mots ne sauraient créer une quelconque harmonie d'autant plus que les mêmes mots peuvent recouvrir des réalités différentes. Il n'y a pas, il ne pourrait y avoir de large consensus sur les mots, sur les idées, sur les convictions et sur les choix à faire. Dans ce contexte pluriel, il apparaît sans intérêt de vouloir convaincre à tout prix ou de tenter de convertir.

Toute transformation intérieure passe par la réflexion, par le débat, par l'action, mais aussi par une certaine détermination personnelle, par une discipline spirituelle durable qui aide qui le veut bien à être et à rester à la fois lucide, serein et vigilant.

Pour André Comte-Sponville, qui considère Spinoza comme un maître à penser, le vivre-à-propos passe nécessairement par une fidélité clairvoyante à ses propres racines et par le souci d'être un digne compagnon, une digne compagne de soi-même et des autres.

Fidélité aux racines

Fruits de longues évolutions émaillées de flux et de reflux, les valeurs et les normes transmises par les sociétés traditionnelles ne valent pas par le simple fait qu'elles sont traditionnelles.

Personne ne choisit ses racines. Né d'ailleurs ou d'une autre époque, mon chemin serait tout autre. Je serais sans doute accroché à d'autres traditions, attaché à d'autres valeurs, appelé à expérimenter d'une manière à la fois commune et toute différente ce que l'humain recèle d'universel.

La fidélité aux racines, au sens où André Comte-Sponville la présente, porte sur un attachement raisonné à une histoire, à une vie sociale, à des valeurs partagées. Un attachement qui se justifie par le fait que, sauf exception, il ne s'agit pas d'inventer des valeurs nouvelles mais plutôt d'être fidèle d'une manière lucide, dynamique et personnelle à des valeurs positives qui constituent un patrimoine que nous avons reçu et que nous avons tout naturellement à charge de transmettre.

Il n'y a pas de fidélité possible sans liberté de l'être. La fidélité à nos racines, à la sève qui en jaillit et à ce qui nous apparaît sain et bon donne toute sa dimension à la liberté qui nous aspire. La liberté et la fidélité aux valeurs communes ne s'opposent pas du tout l'une à l'autre dès lors que la liberté crée un espace de vie, un espace ouvert dans lequel la fidélité peut s'ouvrir sur l'avenir, s'adapter et s'épanouir. Cette liberté, qui « libère pour » plus qu'elle ne « libère de », n'est pas un droit naturel mais une incitation morale.

La notion de fidélité implique idéalement une volonté de constance dans les actes quotidiens ainsi que l'idée d'une volonté de présence à soi et au monde. S'efforcer d'être fidèle, c'est d'abord s'appliquer à être fiable en tout lieu, dans les petites comme dans les grandes choses.

En théorie, être moral, c'est s'assumer à chaque instant. Mais en réalité, quand il existe, le désir de constance dépasse rarement le stade de la simple intention, de la bonne résolution. La réalité de nos vies quotidiennes laisse clairement apparaître que nous ne vivons pas sur la pointe des pieds et que, quand bien même nous le souhaiterions, nous sommes radicalement incapables d'être à la fois, en même temps et durablement, des personnes aimables, attentives, sociales et sociables, probes, loyales et sincères.

Une morale incarnée est branchée sur l'hygiène ordinaire du corps et de l'esprit, sur la recherche lente, patiente, difficile, discrète, sans cesse renouvelée, d'un équilibre de l'instant dans la durée et d'un certain équilibre intérieur. Une recherche pour laquelle il est bon de ne pas être seul, de ne pas être livré à soi-même.

« J'ai été élevé dans le christianisme. Je n'en garde ni amertume ni colère, bien au contraire. Je dois à cette religion donc aussi à cette Eglise (en l'occurrence le catholicisme) une part essentielle de ce que je suis, ou de ce que j'essaie d'être. Ma morale, depuis mes années pieuses, n'a guère changé. Ma sensibilité non plus. Même ma façon d'être athée reste marquée par

cette foi de mon enfance et de mon adolescence. » (C, p. 10)

« La foi est une croyance ; la fidélité, au sens où je prends le mot, est plutôt un attachement, un engagement, une reconnaissance. La foi porte sur un ou plusieurs dieux ; la fidélité, sur des valeurs, une histoire, une communauté. La première relève de l'imaginaire ou de la grâce. La seconde, de la mémoire et de la volonté. » (C, p. 34)

« Il n'y a pas de peuple élu, ni de civilisation obligée. Si j'étais né en Chine, en Inde ou en Afrique, mon chemin serait évidemment différent. Mais il passerait pareillement par une forme de fidélité (fût-elle critique ou impie comme est la mienne), seule capable de faire advenir, par-delà la diversité des cultures, ce qu'il y a en chacune d'elles – et plus encore dans leur rencontre, qui est la civilisation vraie – d'universellement humain. « Quand on ne sait où l'on va, dit un proverbe africain, il faut se souvenir d'où l'on vient. » Et seul ce souvenir – l'histoire, la culture – permet de savoir où l'on veut aller. » (C, p. 51)

Digne compagnie

Vivre moralement, c'est d'une certaine façon s'efforcer de vivre dignement tout en soumettant librement son for intérieur au regard imaginaire d'un être de bien auquel nous demandons de nous accompagner, de nous assister, de nous éclairer et si nécessaire de nous juger avec exigence et bienveillance.

Plus qu'une simple petite voix intérieure, cet être imaginaire n'est pas un chaperon, un ange gardien ou un garde-fou symbolique et n'est pas non plus un simple observateur impartial. Il est plutôt un hôte qui a la faveur d'être seul à pouvoir pénétrer au cœur de notre for(um) intérieur et qui nous permet d'engager et d'entretenir avec notre conscience un dialogue authentique dans le cadre duquel il y a bien peu de place pour le mensonge.

Vivre moralement, c'est notamment s'efforcer d'être un digne compagnon, une digne compagne de soi-même et des autres dans les petites choses comme dans les autres. Sous l'angle de l'intérêt personnel qui demeure le moteur principal de nos actions, c'est être et rester pour soi-même un(e) ami(e) fidèle et exigeant(e) qui veut son propre bien et qui s'applique par surcroit à vouloir celui d'autrui. Sous un autre angle, c'est veiller autant que possible à ne rien faire dont notre être aurait honte si nos intentions et nos actions étaient connues par d'autres. D'une manière plus positive, c'est agir vis-à-vis des autres comme nous voudrions qu'ils agissent à notre égard.

Cette démarche personnelle, nous ne pourrions la vivre sans certaines références générales comme celles du bien et du mal, sans références particulières comme celles du bon et du mauvais, de l'utile et du nuisible. Et ce qui fait la richesse particulière de ces valeurs de référence, c'est le fait qu'elles n'appartiennent à personne et ce sont aussi les débats qu'elles suscitent.

D'une manière indivisible, toute vie est à la fois individuelle et collective, à la fois personnelle et sociale. Dans ce contexte dynamique, la singularité de la démarche personnelle reste inséparable d'une certaine forme de tension vers l'universel. Paradoxalement, la moralité peut ainsi être vécue comme un chemin solitaire qui s'inscrit dans la dimension universelle de la vie. Ma petite vie est solitaire mais n'est pas isolée. Elle fait partie d'un ensemble qui me dépasse infiniment, mais qui ne serait rien si personne n'y prenait part et qui virtuellement ne serait rien sans moi.

La proposition abstraite selon laquelle un comportement serait juste ou non, bon ou mauvais, non (seulement) à cause de ses conséquences pratiques mais dans la mesure où il serait généralisable ou non me paraît clairement insuffisante pour fonder le jugement moral. Elle constitue plus un éclairage et une piste utile pour une réflexion personnelle qu'un critère déterminant à lui seul.

Le bon sens, qu'il convient de garder toujours à portée de main, suggère que l'on se considère soi-même comme soumis à des exigences raisonnables pour tous et contraignantes pour soi, que celles-ci servent ou non l'intérêt personnel.

Pour aborder avec rigueur l'évaluation morale d'un acte, d'une attitude, d'un comportement, il importe de prendre en compte à la fois les circonstances, les intentions et les conséquences raisonnablement prévisibles à court, moyen ou long terme. Ainsi, dans le cadre de ce qui dépend clairement de nos volontés, nous sommes moralement responsables de nos intentions, de nos décisions, des moyens choisis mais aussi, dans la seule mesure où elles sont prévisibles, des conséquences de nos actes.

La source de la moralité se situe plus au fond de l'être que dans son éducation, sa culture et son savoir. La moralité est faite d'un mixte de discernement, de travail sur soi, d'empathie, de sollicitude, de volonté bienveillante et bienfaisante. Elle ne se confond pas avec la maîtrise de soi et nous invite à réserver une place légitime aux hésitations, aux erreurs et aux inévitables maladresses. Elle s'adresse à la conscience sans contrainte, sans promesse ni récompense, sans menace ni sanction. Elle n'est pas et n'a pas à être la recherche d'un *tu dois* qui s'imposerait catégoriquement à la conscience et encore moins la quête d'une loi universelle qui s'imposerait à tous les esprits.

L'essentiel de la morale et plus encore celui de la moralité ne serait pas le *je dois* faire ou ne pas faire qui relève prioritairement du droit et des règles sociales, mais le *je me dois* : ce que je sens que je peux faire, je me dois de le vouloir. La moralité est alors faite d'obligeance ainsi que d'une disposition intérieure qui pousse à vouloir tout simplement l'être-bien d'autrui sans idée nécessaire de réciprocité ou de récompense. Elle implique une réelle détermination qui, dans les faits, a tendance à se désactiver très facilement pour peu que l'on soit inattentif. Elle prescrit une dose de bienveillance parce que c'est bon pour la santé, ce qui n'empêche pas la méfiance ou même la défiance lorsque les circonstances l'imposent.

« Mais il y a une contrainte de l'amitié que chacun connaît : il faut rester dignes les uns des autres. De là la morale. S'il faut vivre honnêtement, c'est-à-dire dignement, ce n'est pas parce que la loi le commande, mais parce que le

contraire serait indigne de moi : indigne de moi et de mes amis. » (B, p. 126)

« Sur la scène du monde, tous les regards ne se valent pas. Lequel choisiras-tu pour te juger ? Le tien seul ? Ce ne serait pas assez. Il s'agit de vivre au mieux, et de trouver pour cela le meilleur juge. C'est pourquoi, disait Epicure, il faut faire choix d'un homme de bien et l'avoir constamment devant nos yeux, de manière à vivre comme sous son regard. » (B, p. 128)

« Il s'agit de vivre sous le regard les uns des autres et d'en assumer jusqu'au bout les plus hautes exigences. » (B, p. 130)

Des idées saines

J'éprouve de la gratitude à l'égard de notre professeur de rhétorique qui s'appliquait à inculquer à ses élèves l'importance de la rigueur intellectuelle. Je me souviens tout particulièrement d'une phrase qui disait en substance : « *Vos idées ne m'intéressent pas, vous allez en changer. Ce qui m'importe, c'est plutôt la manière dont vous les présentez et la qualité de vos raisonnements* ». Ce qui est vrai pour l'expression des idées en général vaut aussi pour celle des conceptions, des théories et des principes moraux étant entendu que, par la force des choses, nous sommes naturellement amenés à en changer sans que la face du monde ne change nécessairement.

Notre sens moral commun est confronté au fait que le *ni bien ni mal en soi,* qui est une caractéristique de la Nature, cesse d'exister là où émergent le fabuleux domaine de cette liberté qui s'est insérée en nous ainsi qu'un cortège de morales individuelles et collectives qui ne se préoccupent pas spontanément d'un commun dénominateur. Dès le moment où ces morales sont diverses, particulières et parfois capricieuses, il est nécessaire de se faire une opinion d'elles, de formuler des idées claires et de se forger des convictions propres. C'est dans cet état d'esprit que, pour contribuer à une réflexion sur les facettes individuelles et personnelles du fait moral, j'ai choisi d'aller à la rencontre de quelques auteurs qui m'apparaissent éclairants.

La démarche de Jean-Marie Guyau se fonde sur le fait que la vie est une valeur qui doit être vécue intensément et extensivement ainsi que sur l'existence d'un élan vital inscrit au cœur de la Nature qui pousse l'individu à développer sa puissance d'agir et d'exister, à être créatif, à ne pas s'encombrer de la perspective d'une quelconque récompense ou d'une éventuelle sanction, à se donner généreusement et à s'épanouir dans sa dimension sociale et sociable.

A une morale utilitariste fondée sur le calcul, sur l'intérêt personnel ou sur celui du plus grand nombre, Jean-Marie Guyau oppose les qualités d'une morale branchée sur des lois vitales qui s'appliquent à l'ensemble des êtres vivants. Le devoir naturel est d'être fécond, de s'appliquer à ce qui permet à la vie de se développer et de s'épanouir et à ce qui permet la conservation et le développement du genre humain. Sur le plan individuel, la fécondité se manifeste par la recherche du bonheur et de l'épanouissement personnel. Elle s'exprime à travers la créativité, l'amour, l'amitié et la participation à la vie sociale. Sur le plan collectif, la fécondité se manifeste par le progrès social et le développement de la civilisation. Elle s'exprime à travers la justice, la paix et la solidarité.

La philosophie de Spinoza s'inscrit dans la même dynamique. Contrairement aux apparences, elle n'est pas religieuse étant donné que le Dieu qui est au centre de sa réflexion est un Dieu silencieux qui se confond avec la Nature. Elle propose à qui le veut bien de se dégager des passions tristes qui polluent sa vision des choses, de prendre conscience de ses conditionnements afin de pouvoir agir en connaissance des causes, de se mettre en joie et de prendre place dans l'ordre de l'univers.

Ces deux conceptions, qui peuvent clairement être perçues comme théoriques et de plus impraticables dans la durée, n'ont rien de naïf dans la mesure où elles se fondent sur de saines prises de conscience et où elles s'enracinent dans ce que la Nature a de fécond, en d'autres mots du côté de la plante qui ne peut s'empêcher de grandir et de fleurir.

Il importe cependant de garder présent à l'esprit le fait que nous ne suivons pas nécessairement ce que le bon sens et la raison nous recommandent et que, comme le souligne Michel Terestchenko, la bonne volonté, la conscience, la culture, l'éducation, les idées saines, l'intelligence, la pitié ou la sympathie, la raison, le savoir ainsi que les (bons) sentiments ne nous poussent pas nécessairement à ne pas nuire, à porter assistance ou à faire preuve de bienveillance. C'est principalement dans l'ébranlement de l'être qu'il faut rechercher ce qui déclenche l'action positive.

Sous un autre angle, l'approche proposée par André Comte-Sponville, qui se présente comme un penseur d'aujourd'hui philosophant à l'ancienne, passe par une fidélité raisonnée aux valeurs reçues, par la nécessité d'être digne de soi-même, par l'acceptation de ses propres limites, par la recherche conjointe d'une spiritualité à taille humaine et d'une forme de sagesse moderne à vivre avec joie au cœur d'un monde imparfait.

Ces différents éclairages, qui n'ont rien d'exclusif et qui peuvent utilement être enrichis ou même gagner à être remplacés par d'autres, proposent chacun une vision saine et dynamique de la vie, une vision qui, quel qu'en soit l'angle d'attaque, se situe résolument du côté du verre à moitié plein, de la plante qui grandit et du côté du soleil que les atrocités, les blessures, les iniquités, les misères, les noirceurs et les souffrances de l'existence ne pourraient empêcher de briller.

Sur le plan moral, il n'est pas aisé de déterminer ce sur quoi il apparaît possible d'agir sainement, de saisir ce qui peut bien dépendre de son petit soi au cœur d'un monde fragmenté, inégalitaire et mouvant, d'un monde qui est de plus en plus confronté à de colossaux défis et qui est soumis aujourd'hui à l'emprise de technologies envahissantes et d'une Intelligence Artificielle qui bouscule les codes sans scrupule.[16]

Ce qui est malgré tout rassurant, c'est le fait que, si nous leur résistons ensemble avec discernement, les géants du commerce, de l'audiovisuel et de la technologie resteront incapables de nous formater complètement, de nous dire droit dans les yeux ce qu'est le bien et ce qui est moral, de déterminer ce que serait l'inaccessible bien en soi.

Ce qui est rassurant aussi sur le plan individuel, c'est le fait que, par-delà les passions tristes et les bonnes raisons de penser autrement, il reste possible de croire fermement et sans grande théorie aux vertus de cocktails mêlant diversement de subtiles pointes d'argumentation, d'auto-dérision, de bienveillance, de bonne foi, de complexité, de confiance, de contradiction,

---

[16] La question se pose de savoir s'il ne serait pas intéressant et utile de faire une distinction entre « ce dont nous pouvons être tenus pour responsables » au regard de règles communes au sein d'une société et « ce qui dépend de nous » qui relève du domaine de la morale.

de courage, de courtoisie, de débat, de dialogue, de doute, d'écoute, d'honnêteté, d'humilité, d'humour, d'intelligence, de loyauté, d'obéissance, d'obligeance, de pardon, de patience, de persévérance, de prudence, de respect, de silence, de sincérité, de tempérance, et cætera. Être vertueux, ce n'est finalement rien d'autre que le fait de s'appliquer à faire usage de la bonne disposition au bon moment.

Pour appréhender la complexité du réel avec un recul certain, pour nous permettre de nous situer et de maintenir le cap d'un horizon à l'autre dans les ciels étoilés comme dans les zones de turbulence, comme dans les moments d'enthousiasme, de clairvoyance et de joie comme dans moments de découragement, d'égarement, de désarroi, de désillusion, de désespérance, de détresse, d'incertitude, de doute, nous gardons la possibilité de recourir à des idées empreintes de bon sens, à des idées simples et à la fois nuancées qui éclairent, qui nourrissent, qui soutiennent et stimulent même si elles ne rassurent pas nécessairement.

La plupart des principes moraux que l'on retrouve dans les grandes civilisations sont moulés dans des formulations négatives. Il en va ainsi de la recommandation de ne pas faire à autrui ce que l'on ne voudrait pas qu'il nous fasse (principe de non-nuisance visant à ne pas poser d'actes susceptibles de nuire aux intérêts légitimes d'autrui eu égard à sa situation particulière). Ce principe essentiel peut aussi être pensé de manière positive et devenir même fécond quand il a pour corollaire le courage d'intervenir lorsqu'autrui subit un comportement objectivement indésirable (principe d'assistance) et qu'il a pour exigence ultime le souci de rencontrer les attentes légitimes de celui-ci (principe de bienveillance).

Notre vie serait sans doute plus simple si la Nature nous avait dotés d'une volonté autonome capable de se détacher d'affects pouvant la plomber et de se déterminer librement en fonction de motifs rationnels fondés sur des principes moraux à caractère universel, autrement dit si Dame Nature avait pris soin de nous pourvoir d'une volonté pure qui soit clairement apte à rendre nos actes moraux en se conformant à des préceptes universalisables qui s'imposeraient inconditionnellement à elle.

La conviction kantienne

Emmanuel Kant considérait que, sur le plan strict de la morale, les êtres humains sont des personnes autonomes, libres et douées de raison, qu'ils sont intrinsèquement égaux entre eux et qu'ils ont des droits et des devoirs fondamentaux qui s'appliquent objectivement à tous.

La morale Kantienne qui est centrée sur la valeur de la personne considère que, à la différence des choses qui sont des moyens, toute personne est une fin en soi, qu'elle ne peut être instrumentalisée pour servir les fins d'autrui et qu'elle ne peut utiliser autrui comme un moyen d'arriver à ses propres fins. Elle consacre d'une manière absolue le devoir de traiter l'humanité comme une fin en notre propre personne ainsi qu'en celle d'autrui, et corollairement le droit d'exiger réciproquement d'autrui qu'il agisse de la sorte.

La moralité d'une action n'est pas déterminée par le but qu'elle poursuit mais par sa conformité à un impératif catégorique dicté par la raison qui nous commande d'agir sur base d'une maxime telle que nous puissions vouloir en même temps qu'elle devienne une loi universelle, c'est-à-dire d'agir volontairement comme si la maxime de notre action pouvait être érigée en loi universelle de la Nature. La raison qui constitue la source de toute valeur morale dicte le devoir qui est appelé à devenir le mobile intérieur de la décision morale.

Dans le cadre de la morale kantienne, l'expression *Comme si* consacre le devoir d'écouter la voix de la raison et de suivre un chemin à vocation universelle. Ainsi conçue, la loi morale ne découle pas de l'expérience. Elle n'est pas subjective et ne s'intéresse pas aux intérêts, aux émotions et aux sentiments. D'une manière nécessaire et inconditionnelle, la loi morale implique d'agir comme si la Nature était dotée d'une finalité, comme si nous étions les sujets d'un monde où tous les êtres humains sont libres et autonomes et comme si elle était porteuse d'une loi universelle. Elle s'impose à la conscience et doit par principe être suivie sans condition et sans restriction, sans recherche d'un quelconque intérêt personnel et sans considération pour les conséquences pratiques de l'action même si elles s'avèrent fâcheuses.

Conçue sous un autre angle, l'expression *Comme si* se retrouve dans une philosophie qualifiée de *fictionnaliste*, la philosophie du *comme si* dont la paternité est attribuée à Hans Vaihinger. Cette philosophie considère qu'une idée peut être un guide utile pour une recherche scientifique ou pour une réflexion philosophique alors même qu'elle s'avérerait fausse ou incorrecte. Elle s'intéresse à la valeur pratique d'idées pouvant être considérées comme utiles du fait qu'elles apparaissent plus commodes ou plus fécondes et qu'elles procurent un bénéfice d'ordre théorique ou pratique.[17]

---

[17] La section suivante présente une synthèse du livre écrit par Christophe Bouriau : *« COMME SI »*, *Kant, Vaihinger et le fictionnalisme*, Les éditions du Cerf, 2013.

Le *Comme si* de Vaihinger

Bien qu'il reste largement soumis aux instincts hérités de ceux qui déterminaient les comportements de ses ancêtres primates, l'être humain se distingue des animaux par certaines capacités intellectuelles, notamment par celles qui lui permettent de se déterminer sur base de motifs abstraits, de mener des projets et d'évaluer ses actions.

Il apparaît clairement que les fonctions qui touchent à l'intellect et à la raison ne sont pas des fonctions autonomes et qu'elles ne sont pas indépendantes des instincts et des désirs. Comme l'ensemble des fonctions vitales qui conjuguent leurs efforts, elles restent au service d'une fin primordiale qui est la préservation de l'individu et de l'espèce.

Dans ce contexte, la fonction première de la pensée ne serait pas d'atteindre une connaissance désintéressée, une connaissance objective de la réalité, mais plutôt de filtrer vaille que vaille la masse chaotique de données sensorielles et de procurer des connaissances permettant aux groupes et aux individus d'agir en s'adaptant aux circonstances.

Les catégories, les concepts, les idées, les images, les projections, les raisonnements sont des créations qui permettent une mise en ordre, un traitement des données sensorielles et, dans la foulée, la formation de représentations diverses du réel. Ainsi, des termes comme « âme », « État », « espace », « substance », « sujet », « temps », sont généralement compris comme des éléments du réel alors qu'ils sont en réalité de simples concepts utiles.

Ces créations mentales peuvent être considérées comme des instruments au service de la réflexion et de l'action, comme des outils qui permettent de se situer, de s'orienter, d'agir conformément à des intérêts pratiques, de s'atteler prioritairement aux fins premières de la vie que sont la conservation, l'adaptation au milieu et la satisfaction des besoins fondamentaux.

Dans une foule de domaines, notamment dans les domaines scientifiques et philosophiques, les hommes fondent leurs investigations sur des données considérées comme vraies, sur des hypothèses à vérifier ou encore sur des fictions qui leur permettent de bénéficier d'une vision des choses simplifiée, compréhensible et communicable.

Vu qu'elles aident principalement à se situer, à communiquer, à faire face aux circonstances extérieures et à réagir de manière appropriée, les productions multiples de la pensée ainsi que le langage peuvent être appréciés en fonction de leur capacité à servir plus ou moins efficacement les fins de l'action humaine.

Dans la recherche scientifique, certains outils théoriques sont choisis non parce qu'ils sont vrais mais parce qu'ils sont jugés plus commodes ou plus féconds. Une idée peut ainsi être un guide utile pour la découverte d'une vérité tout en étant fausse ou fictionnelle. Il peut être utile à la science ou à la philosophie de recourir à certaines idées ou propositions fictionnelles alors que celles-ci ne peuvent prétendre à la moindre vérité vu le fait qu'elles sont invérifiables ou même qu'elles ont été identifiées comme fausses. L'intérêt du fictionnalisme repose moins sur le fait qu'il s'intéresse à l'utilité des idées que sur le fait qu'il dépasse l'approche pragmatique en accordant de la valeur à toutes celles qui possèdent un intérêt pratique même si leur caractère irréel, incorrect ou faux est établi.

En déclarant que l'on raisonne *comme si* une idée ou une proposition était vraie, on ne prétend pas que celle-ci est effectivement vraie, mais on se contente de le feindre afin d'atteindre un but par ce moyen. Ce qui fait l'importance de l'idée, ce n'est pas qu'elle soit vraie mais qu'elle soit fonctionnelle. Le « faire comme si » désigne une attitude à adopter face aux concepts et aux principes que les théories scientifiques et philosophiques mobilisent. Il préconise de ne pas se prononcer sur la question de leur vérité mais de se contenter de raisonner comme s'ils étaient vrais. Pourvu qu'une idée invérifiable ou même fausse soit utile à la science (par exemple l'idée d'espace absolu, de temps absolu en physique), il convient de ne pas la considérer comme une hypothèse contenant une prétention à la vérité mais de lui accorder le statut de fiction ou de convention utile.

Une théorie scientifique peut valoir comme instrument efficace permettant de former des prévisions correctes et vraies sans être pour autant le reflet fidèle de la trame infiniment complexe du réel. Ainsi, raisonner *comme si* la matière était composée d'atomes a permis de se concentrer sur la question de la fécondité du modèle atomique et d'éviter des débats interminables sur la question de savoir si la matière est ou non composée d'atomes.

Certaines idées métaphysiques, qui ne sont en fait que de simples suppositions (par exemple l'unité de la Nature, l'idée d'une finalité naturelle, l'idée d'un déterminisme universel), peuvent être retenues en vertu de leur fécondité théorique de même que certaines représentations religieuses (comme l'existence d'une âme immortelle, l'existence d'une divinité juste, toute puissante et omnisciente) peuvent être utilisées comme moyens de penser le « souverain bien » et peuvent même se justifier par les sentiments stimulants qu'elles suscitent, par le sens qu'elles donnent à l'action.

Le faire *comme si* permet de rendre compte de certaines formes d'expérience paradoxale, par exemple celle de chrétiens qui déclarent éprouver une réelle ferveur religieuse et être concernés par les textes sacrés sans penser pour autant que Jésus soit nécessairement ou réellement le fils de Dieu.

Dans le cadre de la philosophie du *comme si*, les représentations religieuses et les textes sacrés ont une valeur essentiellement suggestive et ont pour fonction principale de susciter des dispositions favorables à l'accomplissement du devoir moral. Être religieux ne signifie pas nécessairement croire à l'existence d'une divinité et au caractère sacré de ses commandements, mais seulement se comporter *comme si* les préceptes moraux étaient des commandements divins afin de tirer de cette stimulation les sentiments et les incitations nécessaires à son propre accomplissement moral. Dans cette logique, serait véritablement religieuse la personne qui sciemment agit *comme si* un Être suprême existait et *comme si* son règne devait advenir.

Les fictions peuvent être utiles et fécondes comme points de repère et comme guides pour l'action et pour l'existence en général. Leur usage peut cependant devenir néfaste lorsqu'elles sont considérées comme des réalités à prendre au pied de la lettre, lorsqu'elles sont transformées en dogmes.

Les faux semblants

L'idée selon laquelle les membres d'une société seraient liés par une forme de *contrat social* auquel ils sont censés avoir préalablement consenti est une fiction étant donné qu'il leur est en fait impossible de consentir à un contrat conclu antérieurement par d'autres.

Le principe selon lequel *nul n'est censé ignorer la loi* interdit de se prévaloir d'une ignorance de la règle pour échapper à son application. Il s'agit d'une fiction nécessaire et utile pour préserver l'autorité de la loi et l'ordre social alors même qu'il est matériellement impossible de connaître l'intégralité des normes juridiques.

La règle de droit qui veut que *ce qui a été jugé doit être tenu pour la vérité* consacre l'autorité de la chose jugée qui, sous réserve des voies de recours, interdit de remettre en cause devant les juridictions ce qui a été précédemment tranché par l'une d'entre elles. La présomption de la vérité judiciaire permet d'éviter des procès à répétition, d'assurer une stabilisation des rapports juridiques et de contribuer à la paix sociale.

La déclaration universelle des droits de l'homme est un texte constituant de notre humanité. Le fait qu'elle proclame que *tous les êtres humains naissent libres et égaux en dignité et en droits* n'en fait pas une réalité mais consacre une aspiration fondamentale. Que serait notre humanité si elle se contentait de dire que tous les hommes devraient naître libres et égaux ?

De nombreux autres exemples permettraient d'illustrer le fait qu'une idée fictionnelle se distingue d'une simple hypothèse de travail, d'une illusion d'optique au sens figuré du terme ou encore d'une présomption permettant de rapporter une preuve quelconque.

Dans ce monde complexe où nous sommes soumis à de lourdes influences, où la plupart des décisions qui conditionnent nos existences sont prises à des niveaux sur lesquels nous n'avons pratiquement pas de prise individuelle, il n'est pas simple d'être présent à soi, de se situer, de penser sa fonction, son rôle et, comme nous y invitait Jacques Brel, de « *résister à l'enlisement, à l'indifférence, aux vertus négatives* ».

La philosophie du *comme si*, qui montre combien des idées fictionnelles peuvent avoir une utilité pratique, ne s'embarrasse pas de discussions à l'infini sur des sujets qui divisent les hommes depuis la nuit des temps. Bien plus, elle permet d'en faire partiellement l'économie. Plutôt que d'offrir une conception théorique ou idéologique, elle nous propose plus modestement d'élargir nos champs de vision. Cette philosophie présente un intérêt tout particulier du fait qu'elle est pragmatique et saine, du fait qu'elle permet d'enjamber sans artifice les découragements, les doutes et les incertitudes et qu'elle place l'action devant le discours tout en consacrant l'importance des idées. Elle implique un état d'esprit comparable à celui de l'automobiliste dont le véhicule dérape et qui porte ses yeux sur le point qu'il souhaite atteindre plutôt que sur l'obstacle qu'il tente d'éviter.

Agir *comme si*, ce n'est pas faire semblant ni se contenter de faux semblants. L'agir *comme si* désigne une attitude dynamique bien plus qu'un simple mode de pensée positive. Il s'agit avant tout de se déterminer et d'agir en fonction d'idées que l'on considère rationnellement comme utiles et fécondes quand bien même un regard cru sur la vie inciterait à les trouver naïves ou incongrues. A la lumière de la pensée de Spinoza, il est permis de souligner combien des idées fictionnelles ainsi dictées par le bon sens et la raison offrent la possibilité de contrarier les idées et les pensées négatives que peuvent engendrer les passions tristes.

La question de savoir ce qui est utile et fécond ouvre des perspectives bien différentes suivant que l'on se situe respectivement dans une sphère collective, individuelle ou personnelle, ou que l'on évolue dans des courants qui vont et viennent de l'une à l'autre. C'est, pour autant qu'il soit possible de l'isoler, la discrète part personnelle qui m'intéresse plus particulièrement ici.

Tout en étant conscients du fait que les idées morales n'ont qu'un pouvoir relatif sur les passions et sur les sentiments, nous avons la possibilité de nous laisser éclairer et animer par des idées saines qui débroussaillent nos sentiers, qui nous bousculent et nous poussent à nous aventurer, qui se déploient comme des voiles et nous aident à choisir un cap et à nous y tenir. Des idées dictées par une raison bienveillante ou à tout le moins par le bon sens. Des idées simples et mobilisatrices qui permettent d'appréhender le complexe là où les idées simplistes engendrent du compliqué.

Ayant la capacité d'agir comme un phare, une boussole, un simple outil ou même comme un garde-fou, une idée morale s'avère pleine d'intérêt tant dans la sphère personnelle qu'au niveau social lorsqu'elle se veut positive et généralisable. Le fait qu'elle puisse être légitimement considérée comme idéaliste, naïve ou même théorique, importe bien peu pour autant qu'elle soit conçue de manière dynamique et qu'elle s'accompagne d'objectifs positifs et pragmatiques.

Lorsqu'elle s'aventure dans un domaine qui touche à nos morales, une idée-force s'égare si elle n'est que paroles et paroles. Pour préserver son intérêt et sa fécondité, il importe que celle-ci nous rappelle fermement qu'elle n'est pas un précepte, qu'elle n'est pas une idée fixe et qu'elle exclut toute idée de jugement moral. Ainsi conçue, l'idée-force met des bâtons de marche à notre disposition et constitue, pour qui estime opportun de les saisir, ni plus ni moins qu'un soutien corporel et psychologique, un tuteur symbolique.

Voici, *à titre de simples exemples parmi tant d'autres possibles, quatre idées-forces* qui portent sur une certaine représentation du monde et des relations humaines et qui, cela est essentiel, sont à la fois *complémentaires et généralisables* :
- la moralité est par nature ascendante ;
- le monde peut être pensé dans son unité ;
- chaque personne a une place déterminante dans l'univers ;
- la spiritualité peut n'être ni laïque ni religieuse.

La moralité ascendante

Là où les morales collectives et individuelles sont naturellement intéressées, la moralité porte en elle une dynamique au long cours qui passe par le respect de soi, par le souci d'autrui et de ce qui mérite attention. La moralité se construit sur un socle de pensées ordinaires, saines et simples. Lorsqu'elle se dégage du regard d'autrui, du besoin compulsif de comparer, lorsqu'elle se fait gratuite et généreuse, elle devient plus légère que l'air. Ce que je choisis d'appeler *la moralité ascendante*, parlant d'elle comme s'il s'agissait d'une irrésistible réalité physique, part plus simplement d'une intime conviction et d'une franche détermination qui sont liées au fait que penser autrement serait affligeant.

Notre commune humanité est toujours à construire, sans cesse à rabibocher et en son sein la moralité n'est finalement rien d'autre que la construction en soi d'une partie de cette humanité. Cette moralité se forge à l'intérieur de ses propres limites qui sont empreintes de discernement et de jugeote. Elle s'applique au dur métier de vivre et à la difficulté de placer la barre à une hauteur qui soit à la fois raisonnable et obligeante.

La moralité n'a que faire de vaines comparaisons puisqu'elle est son propre objectif et qu'elle n'est sanctionnée ni par un quelconque classement ni par un diplôme. Elle est sa propre récompense ou à tout le moins son lot de consolation. Consciente de ce qui importe, elle ne se confond pas avec la bonne conscience et ne vise pas la perfection mais veille patiemment à préserver la vie et, si possible, à la parfaire en prenant appui sur la réalité des choses.

La moralité est personnelle et singulière alors que, paradoxalement, c'est dans la relation aux autres qu'elle trouve sa véritable dimension. Sociale par vocation, elle reste cependant profondément secrète et solitaire étant donné que la conscience de l'autre demeure inaccessible et insaisissable quelle que soit la qualité de la relation.

Silencieuse, la moralité ne peut échapper à la nécessité et à l'opacité des mots. Des mots qui montrent combien nous avons besoin de repères et de soutien, de modèles et de bon maîtres mais aussi d'affection et de considération. Quelle personne pourrait d'ailleurs avoir de l'estime pour elle-même et de la détermination si elle n'est pas aimée, reconnue, si elle n'aime pas, si elle ne s'aime pas ?

La moralité n'est pas une révélation ou une théorie parmi d'autres mais constitue plutôt une démarche bienveillante. Pour elle, il n'est pas nécessaire d'attendre que l'exemple vienne d'en haut, qu'il descende du ciel. Le coureur n'attend pas le départ de ses concurrents pour s'élancer sur la piste. Au-delà du désir de vaincre, il s'élance avec à l'esprit l'idée d'aller jusqu'au bout du possible ainsi que la volonté de réussir. Il est clair que la vie ne se vit pas au rythme d'un sprint et qu'il s'agit plutôt d'une longue course de fond qui nécessite de la confiance en soi, de la persévérance, de l'habileté ainsi qu'un certain sens tactique.

De leur côté, les institutions humaines n'ont pas pour premières préoccupations d'être transparentes, d'être cohérentes, d'être conséquentes mais ont plutôt celles de fonctionner et de subsister. Le pouvoir rend bavard alors que la moralité s'impose le silence. Et même lorsqu'ils sont utiles, les discours publics ont leurs faiblesses.

Il est sans intérêt d'attendre que l'exemple vienne d'en haut ou d'ailleurs puisqu'il peut ne pas montrer le bout de son nez. Pour le surplus, est-il nécessaire de rester sur ses gardes et d'attendre qu'il vienne des autres ? L'exemple dont je parle ici n'implique nullement des comportements remarquables : il ne s'agit nullement de tenter d'atteindre le meilleur de ses possibilités mais plutôt de se lancer sur la piste avec le souci de donner le bon de soi.

Paradoxalement, je suis tenté de dire que l'exemple est à ce point particulier qu'il n'est pas fait pour être imité, pour être copié. Il est fait pour être apprécié dans sa singularité. En ce sens, l'exemple est ce qui rend unique une chose, un être, une relation. C'est quelque part le soin que tu portes à ta rose.

La pensée unifiante

Pour assumer les aléas de l'existence, nous avons besoin d'être bien dans notre peau, dans notre corps et dans notre tête. Nous avons plus particulièrement besoin d'idées claires, simples et saines et aussi de ces mots choisis qui, comme de magiques musiques, recentrent l'être et le réconcilient avec la vie. Plus généralement, pour la pensée et pour l'action sa grande sœur, nous avons besoin d'un subtil cadre de concepts, d'idées, de principes et de valeurs sur lesquelles prendre appui. Dans ce contexte, le crucial divorce qui existe naturellement entre le discours et le réel, entre la connaissance et l'action, entre le vouloir et le pouvoir, reste supportable dès lors qu'existe une tension positive entre ces pôles.

Sur un plan purement intellectuel, il est presque commun de considérer que notre espèce appartient à un tout qui la précède, qui l'englobe et la dépasse et que ses valeureux membres sont de simples dépositaires d'une partie du vivant dont la qualité et la pérennité dépendent confusément de tous les groupes humains et à la fois de chaque individu. Sur le plan des idées et du bon sens, il est difficilement contestable que nous avons tout intérêt à prendre en compte besoins, droits et souffrances de tous les êtres vivants, tout intérêt encore à respecter les ressources naturelles, la biosphère, les cours d'eau, les forêts, les mers, les océans, etc. Tout cela alors qu'en pratique, cette façon de voir les choses apparaît plus comme un point de vue métaphysique que comme un guide naturel pour l'action.

La notion de pensée unifiante procède de la nécessité viscérale d'un cadre pour nos pensées et nos actions mais encore d'une volonté de présence au monde. Elle part de l'illusion de l'unité foncière des éléments qui composent l'univers, de l'illusion de leur unité dans l'espace et dans le temps, sans être pour autant à la recherche d'un sens ou d'une cohérence qui seraient profondément enfouis au cœur des choses.

Cette pensée part également d'une autre illusion selon laquelle il serait possible d'unifier, dans un même élan, dans les petites comme dans les grandes actions, le fait de penser et le fait d'agir. Une illusion qui apparaît d'autant plus nécessaire que notre esprit est souvent menacé par le cloisonnement, la distraction, le divertissement, la dispersion. Volontaire et lucide, concentrée sur l'essentiel, cette pensée a le souci d'accueillir la vie dans toute sa diversité, dans sa sidérante simplicité et à la fois dans sa prodigieuse complexité.

Alors que le corps vit dans l'instant plus-que-présent, la conscience et la mémoire offrent la possibilité de situer et de relier symboliquement dans l'espace et dans le temps une foule de désirs, d'émotions, de sentiments de joie ou de tristesse, de peines et de plaisirs. La pensée unifiante nourrit ainsi la moralité en ce qu'elle nous invite à penser notre vie individuelle comme un presque-tout, à ne pas considérer nos choix et nos actes réfléchis comme autant d'éléments épars mais à plutôt situer les principaux de ceux-ci dans un cadre temporel global qui relie autant que faire se peut le présent d'hier à ceux d'aujourd'hui et de demain.

Le fait que la vie n'apparaisse pas effectivement comme un tout cohérent ne nous empêche pas de l'imaginer comme telle. Partir d'une illusion d'unité, c'est se plonger au cœur des infinies limites d'un monde qui ne se laisse pas enfermer dans les discours ; c'est incarner volontairement sa vie dans la globalité d'un monde commun alors même que ce dernier apparaît fragmenté.

Il ne s'agit pas là de se construire un cadre théorique qui occulte ou rende supportables les contradictions, les lourdes inégalités et les injustices, mais plutôt de passer régulièrement par le filtre d'une pensée qui nous aide à regarder les choses sous plusieurs angles et à y inscrire de manière concrète et réaliste le bon de nous-mêmes.

La pensée unifiante impose d'être pratique et proche des réalités quotidiennes. A sa lumière, il ne s'agit pas de rêver ni de vivre en permanence sur la pointe des pieds mais plutôt de penser au contraire à d'ordinaires gestes quotidiens et de se recentrer régulièrement sur ce qui fait l'essentiel de sa propre vie.

Les distances subjectives qui existent entre les êtres affectent naturellement leurs perceptions, leurs sentiments et leurs jugements. Plus l'autre est proche, plus le rapport est délicat, émotionnel, subjectif. En revanche, plus la distance se fait grande, plus les sensations, les relations et les jugements changent d'intensité, de nature et de contenu. Dans les relations humaines, tout est bien souvent question de distance, de mesure et de perspective par rapport aux êtres et aux choses.[18]

Selon les circonstances, chaque individu entretient une multitude de distances qui peuvent fluctuer dans le temps et qui lui permettent d'analyser, de rencontrer, de communiquer, de compatir, de partager, de se protéger, d'écarter les réalités qui dérangent, d'ignorer, d'occulter, de se retrancher, de rejeter, de fuir. La pensée unifiante invite l'être intérieur à évaluer en toute franchise les nombreuses distances qui le séparent des autres êtres sensibles, tant les distances qu'il crée que celles qu'il subit. Elle peut ainsi l'aider à en gérer l'ensemble et à rechercher au

---

[18] *Du voisinage – Réflexions sur la coexistence humaine*, Hélène L'Heuillet, Albin Michel, 2016.

cas par cas les distances adéquates et les attitudes qui conviennent.

Cette pensée se veut rigoureuse non par seul principe mais surtout pour tout ce que la rigueur suppose d'attention et de santé intellectuelle. Elle s'enracine dans le corps et dans tout ce qui fait à la fois nos forces et nos fragilités. Elle s'inscrit au cœur du temps en tenant compte de sa propre pesanteur et des pesanteurs ambiantes.

Nous vivons souvent par les regrets et par la nostalgie la présence d'un passé qui n'a pas été complètement assumé, par l'effet d'inquiétudes ou de désirs impatients, la présence d'un futur rapproché qui nous dépossède de l'instant. La pensée unifiante nous invite à accueillir et à vivre le présent en connexion directe avec le passé et l'avenir : un lien avec le passé vécu non comme un manque mais comme une marque de gratitude pour les choses qui ont rendu le présent possible ; un lien vécu aussi avec l'avenir en ce qu'il dépend de nous ici et maintenant.

Cette pensée prend tout son sens lorsqu'elle est confrontée à des conflits qui font mal au ventre, qui engendrent d'intenses émotions, qui pompent l'énergie ou qui mettent l'humain hors de lui. Dans les moments de tension, il apparaît difficile et parfois insurmontable de ne consacrer qu'une partie de son énergie au conflit, de ne pas se laisser vider, de garder une place pour le sursaut, pour l'imagination, pour l'humour. Dans ces moments, l'ennemi principal n'est pas l'adversaire, mais plutôt le désir de nuire. En cas de menace, il faut pouvoir se défendre, se déprendre, se préserver, pardonner sans pour autant accepter, combattre aussi lorsqu'il le faut, mais sans pour autant rechercher à cette occasion le plaisir d'imposer, d'écraser, d'humilier, de punir, de régler des comptes.[19]

La pensée unifiante, qui n'a rien d'intellectuel, laisse une large place à l'humour. L'humour premier est celui qui fait plaisir au corps et à l'esprit, notamment celui qui se joue des mots. Mais plus important, il y a l'humour qui désamorce, celui qui permet de dire avec attention des choses délicates, des choses qui, si elles étaient

---

[19] « Le difficile est de combattre sans haïr et de pardonner sans accepter. » (B, p. 91) « Les ennemis que tu comprends, tu cesses de les haïr ; tu ne cesses pas de les combattre. » (B., p. 92)

dites autrement, perdraient leur efficacité ou seraient vécues comme des blessures. Humble et lucide, l'humour vrai respecte le dérisoire et rejette toute forme de dérision. Il n'y a pas de véritable humour sans amour ; l'inverse ne serait-il pas vrai aussi ?

Prendre place

La Nature ne garantit aucune place particulière, ni dans l'arène ni au balcon. Qu'il soit frêle ou robuste, l'oiseau qui quitte le nid pour enfin voler de ses propres ailes courra le risque d'être pris dans un filet, de se planter dans une mare ou sur une vitre.

La déclaration universelle des droits de l'homme a été rendue nécessaire par le fait que tous les êtres humains ne naissent absolument pas libres et égaux en dignité et en droits et par le fait qu'ils sont particulièrement inégaux pour ce qui touche à la naissance, aux conditions de vie, à la santé et à l'espérance de survie.

Dans les sociétés qui choisissent de valoriser la compétition, la place de chaque membre n'est plus un droit de principe mais devient le résultat incertain et même aléatoire de conflits permanents. L'obsession de la performance individuelle et la crainte d'être dépassé(e) par des concurrents y ont alors pour effet de transformer les uns et les autres en rivaux qui s'affrontent et se bousculent afin de passer devant à tout prix. A l'extrême, une compétition généralisée pourrait même laminer la cohésion sociale qui est nécessaire pour permettre à une société de réagir collectivement.

Il apparaît sain de postuler que chaque personne est appelée à occuper une place singulière au cœur de l'espèce humaine alors qu'elle fait partie d'un tout gigantesque dont elle n'occupe qu'une petite niche. Au niveau de l'univers qui la contient, celle-ci peut être comparée à une minuscule gouttelette engloutie dans un océan qui, sans elle, n'aurait paradoxalement jamais été ce qu'il est et ce qu'il sera. Elle peut aussi être considérée comme une graine qui n'a pas choisi son point de chute et qui peut, suivant les situations, s'assécher ou devenir une plante appelée à se développer.

Notre organisme abrite une multitude de micro-organismes dont l'existence est intimement liée à la sienne. Il fait partie de groupes humains et de diverses sociétés qui peuvent être considérés comme autant d'organismes vivants qui, pour leur fonctionnement et leur survie, génèrent une quantité de morales collectives. Chaque personne fait partie d'un ensemble et d'un certain nombre de sous-ensembles au sein desquels elle peut être organe, cellule, micro-organisme, et occuper successivement diverses places non numérotées qui sont de forme et d'importance très diverses.

Les hommes naissent avec des potentiels distincts et connaissent des destinées qui sont faites d'un mixte de circonstances, de hasards, de contraintes, de déterminations et de choix individuels. Le fait qu'ils soient théoriquement libres et égaux, en dignité et en droits, n'empêche pas l'existence de lourdes inégalités devant les aléas de la vie, devant le mal, devant les maladies physiques et mentales, devant la malchance, la malfaisance, les malformations, le malheur, la malhonnêteté, la malice, la maltraitance, la malveillance, les malversations, mais encore devant la mort. Dans ce contexte, la proclamation et la défense de leurs droits fondamentaux s'avèrent d'autant plus nécessaires que ceux-ci ne sont et ne seront jamais acquis.

Le monde d'aujourd'hui dispose enfin de moyens permettant d'endiguer les famines, les épidémies et les guerres qui étaient considérées autrefois comme autant d'incontournables fatalités. Il est malheureusement vraisemblable que, comme le nôtre, celui de demain roulera sa bosse sans une détermination commune et générale d'enrayer la pauvreté, les maladies et la violence.

Les questions lancinantes et les relations conflictuelles qui touchent aux rapports économiques, au partage des biens matériels et culturels, au partage du travail, à l'attitude à adopter par rapport aux inégalités injustes, rendent la politique indispensable et à la fois ingrate. Dans un large cadre où les relations économiques, les relations sociales et les politiques conditionnent lourdement la vie quotidienne des individus qui n'ont en retour qu'une influence limitée, l'idée selon laquelle chacun a des droits inaliénables et a une place personnelle (à prendre) ainsi qu'un rôle déterminant à jouer, est une idée fictionnelle au sens où, plus qu'une affirmation théorique qui selon les circonstances peut malheureusement être contredite par les faits, elle est une valeur appelée à servir d'instigatrice pour l'action tant sur le plan collectif que sur le plan individuel. Les tribulations de l'histoire montrent cependant qu'elle n'est absolument pas enracinée dans notre nature humaine et qu'elle est plutôt tournée vers une humanité en devenir.

Enfin, qu'il s'agisse de laisser place à l'autre ou de se faire sa propre place, cette idée-force apparaît d'autant plus exigeante qu'elle prône un considérable effort sur soi et une réelle présence à soi dans l'effort.

Ni religieuse ni laïque

Il peut paraître paradoxal et même illusoire d'aspirer à être réellement présent(e) au tout de son être alors que nous errons dans un monde complexe qui est à la fois global et fragmenté, alors que nous sommes des êtres fragiles, alors même que la plupart de nos pensées ne proviennent pas vraiment de notre conscience et que nombre de nos mouvements et de nos actes ne sont pas des fins consciemment poursuivies.

Il ne pourrait raisonnablement y avoir de moralité véritable sans l'apport d'une spiritualité à entretenir au quotidien à la manière d'un jardinier qui garde un œil sur son potager, sans le soutien d'une spiritualité généraliste. Cette spiritualité ordinaire est singulièrement faite de présence plus que de raisonnements et de discours. Elle a ses propres rituels qui lui permettent de se régénérer. Elle favorise ces regards qui révèlent la face cachée des choses. Elle précède et accompagne les événements. Elle recherche les distances qui permettent de se déterminer avec un recul approprié. Elle n'est rien d'autre que l'incarnation, ici et maintenant, mais aussi dans l'espace et dans le temps, en pensée et en action, d'un désir et d'une volonté d'attention et de présence personnelle à son environnement, aux êtres et à soi-même.

Cette dynamique passe par une forme de concentration du corps-esprit, par un effort qu'accompagne la conscience des forces qui le conditionnent de l'intérieur et de l'extérieur. Vécue au quotidien, elle requiert la constitution et la préservation d'une force intérieure qui aide son hôte à contenir les désirs, les émotions de tous bords, les idées et les peurs qui le traversent, ainsi qu'une conscience qui l'incite à (se) faire confiance, à être sociable, à se fixer des objectifs et à rester motivé dans la recherche de solutions malgré les difficultés rencontrées.

Cette démarche concrète s'apparente à celle de l'athlète qui se prépare physiquement et mentalement aux exigences et aux imprévus d'une épreuve sportive. Il s'agit bien moins d'une stratégie que d'une disposition du corps-esprit qui veille à se mettre dans de bonnes conditions pour ne pas se laisser dépasser ou emporter par le flot des éléments.

Le désir théorique et la volonté pratique d'alimenter et d'entretenir la flamme d'une spiritualité au quotidien ne sont pas du tout inscrits dans notre nature. Il va sans dire qu'une moralité greffée sur ce désir et sur cette volonté implique une discipline, un entraînement, un entretien, une gymnastique du corps et de l'esprit, un état mental qu'il est très difficile d'atteindre mais encore plus de maintenir.

Personne n'a le monopole du spirituel et du Sacré. *Ni laïc ni religieux* ne signifie assurément pas que l'on ne puisse être l'un ou l'autre ni même l'un et l'autre. En toute hypothèse, il s'agit avant tout de ne pas s'enfermer dans une case et de faire une distinction entre la spiritualité de base qui est liée à notre commune humanité et les spiritualités particulières dont les apports et les richesses sont d'un autre ordre en raison du fait que les philosophies et les religions ont des racines et de profondes ramifications culturelles et collectives, du fait également qu'elles s'inscrivent naturellement dans la durée et qu'elles ont en outre la subtile faculté de contribuer positivement et d'une manière plus large à l'essor de valeurs sociétales.

Relier

Pour autant qu'ils se trouvent dans des conditions favorables, les plantes et les animaux sont en quelque sorte programmés pour évoluer selon leur nature propre, c'est-à-dire pour se développer et s'accomplir en remplissant de manière instinctive des fonctions spécifiques qui leur permettent de s'inscrire de manière singulière dans les grands cycles de la Nature.

Au-delà de ce cadre immémorial qui aurait pu rester immuable, le mythe d'Adam et Eve illustre l'idée d'un basculement lié au développement de la conscience individuelle et des consciences collectives ainsi qu'à l'émergence des inattendues notions de bien et de mal. Livrée à elle-même, sans guide ni boussole infaillible pour ce qui dépend directement d'elle, notre espèce s'est agitée, s'agite et s'agitera encore au sein d'une aventure dans laquelle il s'agit moins de perpétuer que de se débrouiller vaille que vaille.

Nos perceptions, nos décisions et nos comportements résultent d'une conjonction d'algorithmes biologiques et culturels ainsi que de volitions qui font ensemble ce qu'elles croient vouloir. L'incontournable liberté d'agir qui les accompagne a cependant pour conséquence naturelle que, de la naissance à la mort, malgré l'acquis des générations précédentes, malgré leurs apprentissages et leurs capacités d'adaptation, malgré leurs efforts et leurs brillantes réalisations, les hommes ainsi que leurs sociétés et leurs institutions sont voués à rester inexorablement inachevés, immatures et inaccomplis. La Nature qui n'a pas de conscience propre et qui à aucun moment ne juge ni ne sanctionne volontairement a cependant bien agencé les choses en inscrivant dans notre ADN le fait que nous sommes perfectibles, tout en nous laissant toutefois le soin de nous débrouiller seuls pour ce faire.

Je ne suis pas un être autonome. Je suis avec tant d'autres, d'hier, d'aujourd'hui et de demain, simple élément fragile d'une espèce immergée dans une totalité qui l'englobe dans le temps et dans l'espace. La solidarité primaire qui me lie à mes congénères, aux groupes et aux sociétés dont je fais partie ainsi qu'à la Nature, m'offre un cadre dans lequel j'ai, si je le peux et si je le veux, la possibilité d'exercer mes capacités et de me réaliser. Alors que la fleur ne peut s'empêcher de grandir et de fleurir et que l'animal s'accomplit instinctivement au sein de son espèce, j'ai en principe la faculté de me réaliser au sein d'un tout dont je suis organiquement solidaire et de veiller pour cela tant à mon propre accomplissement qu'à tout ce qui permet mon existence.

Au-delà de lui-même, chaque corps-esprit a la possibilité de se réaliser comme membre de corps sociaux qui sont eux-mêmes organes d'autres corps qui ont également leurs propres dynamiques et ainsi de suite de génération en génération. Cet enchainement n'empêche pas que, malgré les déterminismes qui balisent son champ d'action, chaque personne reste finalement *libre de réaliser sa nature propre ou de l'altérer*. Les idées-forces font partie des divers et nombreux éléments qui peuvent l'aider à assumer cette liberté d'une manière positive.

Ce qui fait la richesse particulière des idées-forces positives, ce qui les relie, c'est le fait qu'elles s'inscrivent dans une démarche consciente, qu'elles sont théoriquement généralisables, qu'elles se renforcent les unes les autres, qu'elles se laissent volontiers chapeauter par une maxime universaliste qui précise que le devoir moral de chacun est d'agir conformément à sa nature d'être social vivant dans un monde commun, en d'autres mots d'*agir comme membre libre d'un tout solidaire* et d'y chercher tant son bien propre que, dans la mesure du possible, le bien des divers ensembles auquel il appartient.[20]

Le sentiment d'appartenance qui est instinctif chez les animaux est à la fois instinctif et culturel chez les humains. Les différences génétiques y sont à ce point faibles et secondaires qu'aucun groupe ne pourrait se prévaloir légitimement d'une homogénéité biologique significative qui lui permettrait de débrancher la prise et de proclamer fièrement son appartenance à une sur-espèce clairement distincte.

---

[20] *Le principe de la morale*, Charles Secrétan, F. Payot, 1893.

A la différence des espèces animales qui au gré des vents peuvent être amenées à se scinder dans le cours de leur évolution, les groupes humains ont au contraire la mystérieuse opportunité de se mélanger, de se métisser et de se fondre en groupes plus larges. Au-delà de profonds conflits d'intérêts et de différences significatives qui sont liées à la géographie, à l'histoire et aux cultures, il est virtuellement conforme à leur nature que les hommes se reconnaissent mutuellement comme membres d'une même espèce et s'efforcent d'interagir en conséquence.

Pour l'universel

La notion d'humanité désigne avant tout une réalité mentale qui englobe une multitude grouillante d'individus qui sans trop le savoir, ou même sans vouloir s'en convaincre, appartiennent à une espèce commune. Tout comme la Nature dont elle fait partie, notre humanité n'est ni un être vivant ni une chose. En tant qu'entité abstraite qui n'a pas de cerveau, elle ne pense pas et n'a pas conscience d'elle-même, de ses membres, du présent et du futur.

Contrairement aux individus et aux collectivités, notre humanité est naturellement dénuée d'empathie et de compassion pour ce qui est humain et tout autant pour tout ce qui ne l'est pas. Le fait qu'elle n'ait pas d'existence tangible n'empêche toutefois pas qu'elle engendre du réel, par exemple la déclaration universelle des droits de l'homme qui a été proclamée en son nom.

La notion d'humanité désigne aussi des caractéristiques particulières que les êtres humains ont en commun ainsi que des traits de personnalité liés à des valeurs considérées comme essentielles pour l'existence et la préservation d'une vie réellement humaine : la bonté, la coopération, le courage, l'entraide, la générosité, etc.

Alors que la population mondiale semble de plus en plus consciente du fait qu'elle participe à une même humanité, les notions d'humanisme et d'universalisme sont paradoxalement mises en cause, voire ignorées ou rejetées. S'interroger sur l'humanisme, c'est se demander si, au-delà de toutes les valeurs particulières qui divisent les hommes entre eux et au plein cœur de toutes les valeurs qui sont partageables, il existe un bien universel de l'humanité ; c'est se demander s'il existe une éthique qui concilierait le bien pour soi et le bien en soi.

Dans un livre offrant une argumentation fouillée, Francis Wolff rencontre les arguments des sceptiques et des nihilistes et formule un plaidoyer pour l'universel qu'il décline en trois thèses complémentaires :
- l'humanité a une valeur intrinsèque et est la source des valeurs ;

- elle est une communauté éthique ;
- les êtres humains qui la constituent sont radicalement égaux.[21]

Dans l'état de nature où les êtres vivants s'accomplissent chacun à sa place en agissant conformément à sa propre nature, les perceptions et les communications entre individus sont limitées à leur environnement respectif et sont directement liées aux fonctions biologiques. Avant l'existence du genre humain, la notion de valeur n'ayant pas de sens, la question morale ne se posait absolument pas.

L'existence de l'humanité est liée à l'émergence de notre espèce dont les membres sont non seulement dotés d'une conscience et d'une capacité à raisonner logiquement, mais encore d'un langage particulier qui est bien plus qu'un simple système d'expression et de communication d'informations. Le langage met des mots sur les valeurs. Il permet d'affirmer, d'approuver, d'argumenter, de bavarder, de confronter, de converser, de contredire, de convaincre, de

---

[21] *Plaidoyer pour l'universel*, Francis Wolff, Fayard, 2019.

critiquer, de dialoguer, d'expliquer, d'imaginer, d'interroger, de juger, de mentir, de nier, de raisonner, etc. Il permet de parler des choses directement perçues ainsi que de choses absentes, abstraites, fausses, imaginaires.

Les hommes sont plus que des êtres sensibles et conscients qui sont animés par des désirs. Ils ont surabondamment conscience de leur propre conscience et peuvent tout aussi bien désirer agir que désirer ne pas agir. Ils ont conscience de la conscience d'autrui et ont la faculté de dire et de penser le je-tu-il-nous-vous-ils, de distinguer le subjectif de ce qui est objectif, d'évaluer, de dire la valeur qu'ils accordent aux choses de la vie. Ils sont libres de faire ou de ne pas faire.

Sans l'espèce humaine, la Nature ne vaudrait rien d'autre que d'exister. C'est sa capacité à se penser, à raisonner, à prendre distance, à évaluer, à mesurer les conséquences de ses actes, à entrer en relation, à penser à autrui et à dialoguer avec lui qui permet à l'homme d'attribuer ou de reconnaître de la valeur positive ou négative aux actes d'autrui ainsi qu'aux siens et d'agir ou non moralement. Il en résulte que l'humanité commune est la seule source de valeurs en général et plus particulièrement de valeurs morales. L'humanisme consiste à considérer que cette humanité a une valeur fondamentale qui doit être respectée.

On ne peut fonder l'humanisme sur un cause divine qui serait extérieure à l'humanité, ni sur la Nature qui fonctionne sans le moindre principe moral et qui ne pourrait ainsi expliquer ni justifier comment il se fait qu'elle valorise la loi du plus fort ou qu'elle a engendré une espèce qui est colonisatrice et incontestablement la pire pour ce qui est de la prédation et de l'exploitation de ses membres et de son environnement.

La raison n'est pas aux commandes de son maître, mais plutôt au service des désirs, des émotions et des passions de celui-ci. Étant liée à un être de chair, elle est programmée pour la recherche particulière de « ce qui fait du bien à soi », pour tout ce qui vise « la vie bonne » pour soi-même et pour ceux à qui l'on tient - (bien-être, prospérité, santé, actions conformes aux valeurs, etc.) -, mais n'est pas naturellement à même de déterminer en pratique ce que pourrait être le bien en soi qui est d'essence universelle.

Une assemblée générale des habitants de la terre emmenant avec eux leurs baluchons remplis de désirs, d'émotions et de passions, serait bien en peine de préciser en quoi pourrait consister le souverain bien de l'humanité et de s'accorder sur ce que pourrait être le bien en soi pour le tout de l'humanité. Une assemblée d'experts ou de gens raisonnables se heurterait tout autant à l'impossibilité de concilier les points de vue particuliers.

Pour tenter de définir en quoi consiste et ce qu'implique le bien en soi, il apparaît utile et nécessaire d'imaginer une assemblée de gens rationnels et impartiaux qui laisseraient au vestiaire leurs bagages personnels et qui, dans un esprit d'ouverture, feraient abstraction de ce qu'ils pourraient revendiquer de particulier : une assemblée où l'on raisonne, où l'on communique sans être interrompu, où l'on dialogue et où chaque personne s'efforce de se mettre symboliquement à la place de l'autre.

Rationnellement, rien ne permet de soutenir valablement que l'humanité ne constituerait pas une entité spécifique, qu'elle n'aurait pas de valeur propre, que ses valeurs seraient pareilles aux valeurs particulières qui animent les actions humaines, qu'elle ne pourrait être source d'une ou de normes éthiques communes, que les hommes devraient être considérés comme inégaux par nature et que les relations entre humains n'impliqueraient pas nécessairement le principe de la réciprocité.

Partant du fait qu'il y a lieu de faire une distinction entre l'humanité et les éléments particuliers qui la constituent, un dialogue rationnel et impartial aboutit nécessairement à la conclusion que l'humanité ne se réduit pas à l'ensemble de tous ses membres présents et à venir. Celle-ci a une valeur intrinsèque et est la source des valeurs humanistes propres qui sont fondées sur l'existence d'une large communauté de droits et de devoirs réciproques, sur la réalité d'une communauté éthique dont les membres sont engagés dans des rapports de réciprocité impliquant de se considérer par nature comme égaux sur le plan formel.

La notion de réciprocité procède de l'expérience de ce dialogue impartial qui vise à convenir de principes favorisant la vie ensemble dans une large communauté et qui débouche sur une valeur nécessaire et absolue : la valeur égale de tous les êtres humains les uns par rapport aux autres, valeur d'autant plus fondamentale que dans les faits ils sont clairement inégaux en presque tout.

Corollaire nécessaire de cette valeur absolue, l'éthique de la réciprocité, qui a trouvé sa formulation institutionnelle dans la déclaration universelle des droits humains, peut s'énoncer de diverses manières selon les civilisations. Il s'agit pour l'essentiel de préférer la vérité au mensonge, de considérer chaque autre comme son égal, de s'efforcer de le traiter comme l'on voudrait être traité par lui, de respecter le caractère inviolable de son intégrité et de lui apporter assistance en cas de besoin.

Il n'existe pas de valeur universelle à proprement parler. D'une manière paradoxale, les normes éthiques qualifiées d'universelles, qui sont fondées sur les principes d'égalité et de réciprocité, impliquent que chacun se traite comme s'il était un autre et qu'il traite les autres comme il se traiterait lui-même.

L'existence du bien en soi ne dépend pas des croyances ou des opinions des uns et des autres. Il ne s'agit pas non plus de fonder l'humanisme sur de bons sentiments, ni sur une forme de sympathie universelle ou sur une volonté d'amour du prochain. Vu qu'elle considère les choses de manière impersonnelle, l'éthique de la réciprocité ne distingue pas l'intérêt et la moralité. Elle est ainsi applicable autant aux altruistes qu'aux égoïstes.

Il convient de distinguer d'une part les croyances, les conventions sociales, les coutumes, les traditions et les normes socialement reconnues qui sont particulières et infiniment variables du fait qu'elles peuvent être propres à chaque société, à chaque collectivité, à chaque groupe et d'autre part les normes éthiques humainement nécessaires qui sont générales, communes et constantes étant donné qu'elles relèvent du respect dû à l'humanité comme telle et par voie de conséquence à chacun des membres qui la constituent.

Les hommes sont divisés non seulement par leurs désirs mais plus encore par les valeurs qu'ils invoquent et par les bonnes raisons qu'ils se donnent pour justifier leurs actions. Une valeur donne sens à la vie de qui l'adopte ou l'invoque, qu'il soit ange ou démon. Toutes les valeurs sont bonnes en tant que simples valeurs mais aucune ne peut prétendre être bonne en soi. Agir au nom d'une valeur, derrière n'importe quel drapeau, c'est agir au nom de ce que l'on considère comme un bien, ce n'est pas nécessairement agir bien.

Les valeurs morales se valent puisqu'elles peuvent servir à justifier n'importe quelle action ; en cela, elles sont vouées à s'affronter. L'idée du bien en soi, qui a priorité sur les valeurs particulières, permet d'évaluer et de hiérarchiser celles-ci.

L'universalisme, qui est d'essence cosmopolite, est compatible avec l'immense diversité des croyances et des pratiques particulières dont il favorise la coexistence dès lors que celles-ci ne sont pas antihumanistes. Peuvent notamment être considérées comme antihumanistes les idéologies ou valeurs qui sont fondées sur l'inégalité a priori des êtres humains et celles qui adoptent une attitude impérialiste portant atteinte à la nécessaire diversité des valeurs.

Ce qui fait la grandeur de l'humain, tant sur le plan collectif que sur le plan individuel, c'est qu'il peut aspirer à un bien qu'il place au-dessus de son plaisir, de sa tranquillité, de sa survie. A l'opposé, le traitement qu'il inflige à une communauté, à une collectivité, à une catégorie, à une personne devient indigne et inhumain dès le moment où il illustre manifestement une volonté d'ignorer la part d'universel qu'elle recèle.

Il ressort de ce résumé rapide que le *Plaidoyer pour l'universel* consacre l'existence et la valeur de l'humanité comme entité commune. Cet ouvrage se fonde sur cette réalité pour proposer une démarche qui vise à concilier les valeurs universalistes qui sont constantes et les valeurs morales qui sont par nature particulières et variables.

Cela étant dit, la considération selon laquelle, par le fait même que je suis homme, je suis citoyen d'un monde commun avant d'être citoyen d'autres entités sociologiques et culturelles n'est pas naturelle et ne vient pas spontanément à l'esprit dans la mesure où les faits consacrent généralement les diversités culturelles de notre espèce plutôt que son unité.

Cette même considération est en outre bien peu de choses si elle n'est que la simple conclusion d'une réflexion fondée sur la raison. Elle est précieuse si elle s'accompagne d'une volonté de reconnaissance commune qui permet de repenser la hiérarchie de nos multiples identités culturelles. De théorique et abstraite (je dois respecter l'humanité qui me fait vivre), l'idée devient concrète : je me dois de respecter l'humanité en moi et dans chaque individu.

Mais encore

Du fait qu'elles ont chacune leurs propres idées du bien et du mal, qu'elles sont sensibles aux opinions publiques, qu'elles ont leurs propres scrupules et qu'elles s'embarrassent plus de leurs objectifs que des moyens mis en œuvre, la (géo)politique et les multiples morales socio-collectives ne jouent pas dans la même division que les morales individuelles qui ont leur propre champ d'action et qui ont en contrepartie le loisir de pouvoir flirter à la marge avec ce que chaque existence a de personnel, d'intime et d'insondable.

Même si elle est tentante, l'erreur serait d'ignorer les contextes et les enjeux respectifs et d'évaluer sans nuance les morales collectives et les morales sociétales à l'aune des critères et des valeurs auxquels les morales individuelles se réfèrent. Dans un même ordre d'idées, il serait inadéquat de se mettre à juger le comportement d'autres personnes au travers du prisme de sa propre morale.

Le fait que les curseurs des morales sociétales et des morales collectives évoluent sur des tables de mixage de taille et de nature clairement différentes des tablettes de mixage individuelles qui sont artisanales ajoute à la difficulté de cerner le fait moral dans toutes ses dimensions.

Cet essai s'intéresse particulièrement à la dimension personnelle du fait moral et à ses limites. La réponse à la question de savoir s'il a un caractère théorique est assurément positive dès lors qu'il choisit de relier un ensemble de concepts et d'idées autour de la notion abstraite de fait moral dont la définition évasée résulte de la complexité de la nature humaine et des relations sociales. Et même si celui-ci peut être considéré comme intellectuel, est-il pour autant purement théorique au sens où il serait sensiblement déconnecté du réel ?

Le réel, j'ai le souvenir d'avoir entendu André Comte-Sponville dire que c'est tout ce qui reste présent lorsque cesse le bavardage. Il est vrai que les idées, les théories, les discours, les débats s'appauvrissent et polluent le réel lorsqu'ils ne sont que baratin ou pur verbiage. Il est vrai aussi que ceux-ci ne valent finalement que par les qualités de ce qu'ils poursuivent et plus précisément de ce qu'ils apportent, inculquent ou permettent.

Ma démarche procède d'une intuition selon laquelle il importe de penser la délicate question morale en considérant globalement toutes les croyances, les doctrines, les religions, les philosophies et les normes en tout genre comme des apports culturels et historiques émanant de sociétés humaines vouées à demeurer inachevées, immatures et inaccomplies. Cet éclairage qui se veut respectueux permet de prendre quelque distance et, autant que faire se peut, de se mettre virtuellement dans la peau de la myriade d'êtres humains qui, sans trop le savoir et malgré des conditions d'existence ainsi que des perceptions et des pratiques très diverses et parfois antagonistes, ont constitué, constituent et constitueront une espèce commune.

Après avoir présenté la pensée de quelques auteurs éclairants, je me suis particulièrement intéressé aux concepts de fait moral, de sens moral, de morale sociétale, de morale collective, de morale individuelle, de part personnelle dans le fait moral, d'illusions nécessaires, d'idées-forces, de moralité ascendante, de pensée unifiante et de spiritualité ordinaire qui peuvent être appréhendés comme de simples outils. Des outils qui ne disent rien de ce qu'il y aurait lieu de penser ou de faire dans les situations concrètes et en seraient d'ailleurs bien incapables tant les choix moraux peuvent être complexes et personnels. Des outils qui constituent à tout le moins de précieux tuteurs pareils à ceux qui aident la plante ou l'arbuste à se lever, à grandir et à se développer.

Le fait moral englobe l'ensemble des facteurs conscients et inconscients, volontaires et involontaires, qui interfèrent et influent sur nos pensées et nos comportements. Il agrège les causes de nos raisons d'agir en ce compris le sens moral qui nous fait réagir et agir spontanément, les morales particulières qui ont leurs dynamiques, les jugements moraux qui soit tirent à vue soit s'imposent le temps de l'écoute et de la réflexion, et enfin la moralité qui est cet ingrédient subtil sans lequel nos morales individuelles ne seraient qu'utilitaires.

L'ajout consacré à l'aspect universel de notre humanité considérée rationnellement comme une entité met en lumière l'intuition fondatrice de la déclaration universelle des droits de l'homme qui, sans avoir la nature et le statut d'une véritable loi universelle, constitue à la cime du fait moral une charte fondamentale qui consacre l'universalité du genre humain dont les membres sont titulaires de droits naturels inaliénables et qui (ré)génère des devoirs moraux naturels tant au niveau collectif qu'au niveau individuel.

Il me plaît de redire que, dans ce qu'elle a d'intime et de personnel, la moralité n'est pas, n'a pas à être et ne pourrait d'ailleurs être le degré supérieur du fait moral. Elle n'est pas non plus la source de la morale dont les dynamiques collectives et individuelles restent vitales. Pour qui choisit de s'y appliquer au quotidien et dans la durée, elle n'est finalement que le degré-vérité de la personne qui choisit de tirer des leçons de ses expériences, qui cherche à voir clair et à (se) parler vrai.

Cet effort de lucidité n'est pas incompatible avec un recours mesuré à des idées saines et même à des idées fictionnelles qui, tant sur le plan collectif que sur le plan individuel, peuvent être vécues comme autant d'idées-forces qui constituent individuellement ou collectivement une boussole pour le raisonnement et un soutien précieux pour l'action.

Par un jeu de va-et-vient, la part personnelle dans le fait moral est à la fois tournée vers l'intérieur et ouverte sur l'extérieur. Elle est faite d'obligeance bien plus que d'obligations. Elle est animée par une pensée active qui invite qui le veut bien à effectuer un travail quotidien sur lui-même et à se transformer lentement au cœur d'un monde dans lequel il est appelé à se réaliser comme être sociétal, à contribuer à la vie des sociétés structurées dont il est partie intégrante.

Toute réflexion approfondie à la première personne du singulier se heurte inexorablement à la difficulté de définir de bonne foi ce qui, par-delà les déterminismes et les conditionnements, pourrait dépendre effectivement de soi et de mettre en lumière les éléments proches ou lointains sur lesquels sa volonté libérée peut (ou se devrait d') agir. Plus concrètement, il s'agit moins de savoir ce que l'on doit faire que ce que l'on va faire après avoir pris distance par rapport à ses stricts intérêts personnels et avoir demandé à sa conscience de souffler discrètement à son oreille ce qui serait à faire.[22]

Le présent essai laisse largement ouverte la question de déterminer jusqu'où déployer la puissance d'agir qui est inscrite dans notre nature, jusqu'où glisser chacun des nombreux curseurs de nos propres tablettes de mixage moral, jusqu'où nous nous devons d'être courageux tant dans nos multiples faits et gestes quotidiens que dans les moments où la vie nous met à l'épreuve. Des questions existentielles qu'il importe d'aborder avec modestie et honnêteté intellectuelle tant au niveau individuel que collectif.

Si je regarde sereinement dans un rétroviseur, j'ai le sentiment d'avoir été gâté par la vie. Ayant pleine conscience d'évoluer bien souvent

---

[22] Lire à ce propos la *lettre d'Epicure à Ménécée* dont le texte interpelant figure sur divers sites.

en deçà de mes possibilités et de mes convictions, j'ai aussi l'impression de ne m'être que rarement aventuré en dehors d'une certaine zone de confort, d'avoir passablement manqué de courage en moultes circonstances et de n'avoir été dans les meilleurs moments ni plus ni moins qu'un *bon soldat* soucieux de comprendre et de respecter sincèrement nombre de règles liées au vivre ensemble. Pour le reste, je constate que bien souvent j'agis machinalement et que, lorsque je prends le temps de m'interroger, je simplifie généralement les choses en me contentant de soumettre le que dire ou le que faire à trois tamis proches de ceux que l'on attribue à Socrate[23], plus précisément à trois questions qui sont à la fois simples et essentielles : « Est-ce (suffisamment) bienveillant ? Est-ce (véritablement) utile ? Est-ce (un tant soit peu) efficace ? ».

---

[23] Trois tamis posant successivement la question de la vérité, de la bonté et de l'utilité.

Un grain de sel

La meilleure façon de garder au moi sa juste place et d'effleurer le tréfonds de sa propre finitude, n'est-ce pas d'y creuser patiemment un puits abrupt, un puits à entretenir au jour le jour et à protéger aussi contre ses propres débordements afin d'en faire non pas une valeur mais un lieu privilégié, une coupe accueillante ? N'est-ce pas aussi de s'efforcer de viser bien les possibles d'un futur imparfait en admettant que des questions existentielles restent et resteront douloureusement sans réponse satisfaisante ?

Lorsque les difficultés et les épreuves surgissent, ce qui nous pose généralement un problème, ce ne sont pas tellement nos conditions de vie, sauf bien sûr lorsque celles-ci sont lourdes à porter ou qu'elles sont dramatiques, mais le conditionnement de notre esprit. Un florilège d'expériences personnelles peut montrer qu'il importe peu d'être original ou savant, que la pratique tacle bien souvent la théorie et que, en fin de compte, l'essentiel repose largement sur l'état d'esprit, sur le discernement, sur l'apport d'idées claires, sur la détermination et enfin sur la manière de dire et de faire.

Il est malaisé de s'accepter tel que l'on est et pratiquement impossible d'accueillir à bras ouverts la réalité qui, de l'horrible au sublime, s'impose à nous. Pour apprivoiser celle-ci et assumer le dur métier de vivre, nous gardons la possibilité d'entretenir des pensées qui procurent une relative cohérence à notre vécu et nous permettent de lutter, chaque fois qu'il le faut et comme nous le pouvons, contre la déception, le découragement, le déni, le dépit, le désarroi, le désenchantement, le désintérêt, la désespérance, la désillusion, le désœuvrement.

Évitant les pièges savamment tendus par les oiseaux de mauvais augure, par les donneurs de leçons et par les prêcheurs de devoirs, tout esprit lucide peut, sans se contredire, réserver une place réfléchie au bon sens, à l'écoute, à l'intelligence ainsi qu'aux idées-forces qui peuvent conjointement l'aider à raisonner et le pousser à agir, à vivre debout et autant que possible droit dans ses bottes.

Cet essai replace la morale, au sens traditionnel du terme, dans le fait moral dont les lointaines racines sont très largement antérieures aux premiers pas de l'homme sur la planète terre. Remettant la volonté à la modeste place qui lui revient, il s'intéresse à l'ensemble des éléments conscients et inconscients qui contribuent à nos pensées et à nos comportements. Il relie le sens moral aux morales particulières ainsi qu'à la moralité qui est la part intime et secrète du fait moral.

Le concept de fait moral découle naturellement et nécessairement de notre condition d'être inachevés, immatures, inaccomplis, perfectibles et à la fois inexorablement libres d'agir ou non conformément à notre nature d'êtres sociétaux. Il agrège une multitude d'éléments dont la responsabilité juridique et la responsabilité morale qui sont des maillons sensibles de la chaîne. Il ne juge pas les diverses et multiples manières dont les êtres collectifs et individuels fonctionnent et se comportent. Il distingue très nettement l'observation des diverses morales de la définition de ce qui au-delà des intérêts particuliers peut être considéré comme moral. Il aborde, comme il le peut, la difficile question du bien et du mal qui, dans les petites choses comme dans les situations extrêmes, a principalement partie liée avec tout ce qui touche aux droits fondamentaux des espèces sensibles et de la Nature ainsi que, dans la foulée, avec les devoirs qui en découlent.

Les morales sociétales et collectives qui sont plus que plurielles constituent les socles et les temples du fait moral. C'est principalement à leur niveau que se discutent, se délibèrent, s'érigent, se défendent et se défont les valeurs qui sont liées aux activités humaines. A côté d'elles, les morales individuelles ou plutôt les diverses sous-morales ordinaires de l'individu sont d'une autre nature et peuvent aussi être à géométrie variable suivant les milieux et les situations dans lesquels celui-ci évolue.

Même si elle trace une frontière quelque peu théorique, la distinction entre morale individuelle et part personnelle dans le fait moral permet de discerner d'un côté la manière naturelle, intéressée et bavarde dont l'individu fonctionne et se justifie vaille que vaille et de l'autre cet espace intime, secret et pratiquement incommunicable au sein duquel celui-ci a l'opportunité de prendre distance, de consacrer du temps à la réflexion personnelle, de (se) parler vrai et d'enjamber les frontières tracées par sa propre perception des choses.

La moralité, qui se doit d'être sans arrière-pensée, constitue le degré vérité du fait moral. Il est clair que lorsque celle-ci se désintéresse des idées de sanction et de récompense, il ne reste pas ou presque plus de place utile pour les beaux discours ou pour les mensonges. La moralité prend sa vraie dimension lorsqu'elle s'applique à situer l'ici-et-maintenant dans un espace-temps élargi, lorsqu'elle est symboliquement réfléchie comme préalable et indépendante de la philosophie, de la foi qui peut l'accompagner.

Dans ce cadre singulier, des idées dictées conjointement par le bon sens et par la raison peuvent être d'un précieux secours dès lors qu'elles se veulent utiles, fécondes, généralisables et complémentaires. A titre de simples exemples, cet essai propose à la réflexion quelques idées stimulantes pour lesquelles personne n'imaginerait un instant de prendre les armes sur un coup de tête.

La notion de moralité ascendante vise à promouvoir un modeste art de vivre. Elle incite et encourage l'être intérieur à ne pas comparer ce qui n'a pas à l'être, à ne pas juger sans connaître, à vivre ce qu'il croit sincèrement vrai, à rechercher ce qui semble bon ou à tout le moins préférable pour lui-même et pour les autres et à transformer ce qui peut l'être.

Pensée vigoureuse d'un corps-esprit indulgent envers lui-même et envers les autres, la pensée unifiante choisit de partir du réel pour aller vers un idéal accessible. Elle recentre l'être qui pense et qui agit et, au-delà de toute idée de fusion dans un grand tout cosmique, propose un moyen parmi tant d'autres pour tenter d'appréhender à la fois la complexité et la simplicité des choses de la vie.

L'idée selon laquelle chacun peut prétendre à une place singulière et a une place déterminante à prendre dans l'univers correspond malheureusement plus à une affirmation théorique qu'à une réalité concrète tant les inégalités et les injustices pullulent. Elle est toutefois inscrite au cœur de notre humanité en devenir.

Le type de moralité dont j'ai griffonné les contours ne me paraît praticable que s'il est habité au quotidien par une spiritualité vigilante qui se lève à l'aube et remette régulièrement le couvert. Une spiritualité pragmatique qui, à l'abri des regards, des commentaires et des jugements, se forge des outils ordinaires pour résister aux passions négatives lorsque celles-ci poussent l'esprit à la distraction, à la division, au déni, à l'indifférence, au cynisme, au rejet, au divertissement, à l'esquive, à la fuite, à l'oubli.

Pareille à la graine qui meurt en terre pour donner vie à une plante qui ne pourra s'empêcher de fleurir, la part personnelle dans le fait moral touche à l'intime de l'être qui, alors qu'il a fondamentalement besoin de lumière et de partage pour s'épanouir, demeure secret et incommunicable.

Au moment de poser la plume, j'éprouve un sentiment mitigé, plus précisément l'étrange sensation d'être revenu au point de départ après avoir pris soin de développer une contribution qui peut finalement être considérée comme clairement inaboutie. J'ai aussi l'impression de proposer une piste qui apparaît lumineuse lorsque le soleil brille, mais qui peut se révéler impraticable en cas de forte pluie ou d'orage et pratiquement inaccessible lorsque la nuit s'est faite.

Cet essai qu'il m'a été donné de concocter et que j'ai patiemment peaufiné de jour comme de nuit au cours de tant d'années, j'aurais aimé pouvoir en connaître avant que de naître. Cela étant dit, dans une autre vie, je suivrais des cours de bricolage, je veillerais à toiletter mon humour, à être plus attentif et compréhensif et il est vraisemblable que j'agirais pour le reste de même manière mais … très différemment.

« Suis pas rendu plus loin qu'à mon lever – Mais devenu plus sage » (Félix Leclerc)

Postface

Dans un style radical et volontiers provocateur, Friedrich Nietzsche a condamné le caractère décadent, oppressif et répressif de morales traditionnelles fondées sur des croyances limitantes, de pauvres morales basées sur une façon simpliste d'opposer le vrai et le faux ainsi que le bien et le mal, et sur la conviction illusoire de l'existence transcendantale de valeurs universelles objectives et applicables à tous. Il considère que la vie doit être vécue intensément, que la morale doit se fonder essentiellement sur la conscience et sur la volonté et qu'elle est une construction humaine dont la qualité est fonction de la détermination de l'individu ou du groupe.

Nietzsche distingue la morale des maîtres de celle des esclaves. La morale des maîtres investit la place ouverte par le décès de Dieu. Elle célèbre la vie dans toute sa complexité et valorise cette force vitale qui à partir du corps pousse l'être à s'affirmer, à lutter, à se dépasser continuellement, à créer des valeurs fortes et à agir selon ses propres règles. La morale des maîtres est appelée à se développer *Par-delà le bien et le mal* et à produire une vérité supérieure. Cette conception aristocratique s'oppose à la vision des médiocres qui justifient leur propre faiblesse en cherchant refuge dans une morale de troupeau, dans une morale défensive qui vise à contrer les instincts vitaux et à prémunir ses ouailles de ce que la vie a de dur et d'injuste, dans une morale qui se nourrit d'un ressentiment à l'égard des forts et favorise l'avachissement et la passivité.

Vu que nous avons tous notre propre histoire et que nous sommes des êtres de chair faits de désirs, d'émotions, d'instincts, de sentiments et d'une éprouvante liberté d'agir dont l'usage nous appartient finalement, il est normal que, tant au niveau individuel qu'au plan collectif, nos façons de vivre le fait moral soient diverses, intéressées, subjectives et même que certaines s'affrontent. *Par-devant (le) bien et (le) mal* parce que le bien et le mal n'existent pas à l'état pur, parce qu'ils ont plusieurs visages et qu'ils ne se laissent pas enjamber, parce que la question morale reste grande ouverte dès lors qu'elle est principalement liée à la manière dont, collectivement et individuellement, nous choisissons de gérer cette liberté que la Nature nous a conférée sans déterminer elle-même les conditions de son exercice.

Remerciements

Cet essai, qui s'est risqué à un sujet délicat, est le fruit d'un travail éprouvant qui s'est étalé sur plusieurs années.

Je remercie les maisons d'éditions qui, sans le savoir, m'ont invité à remettre plusieurs fois l'ouvrage sur le métier.

Je remercie tout particulièrement mon épouse Dominique pour de belles raisons.

Pascal Leroy

Table des matières

Mise en bouche 5

Avant-propos 9

Points d'appui 23

Connaître 31

L'instinct est une force 37

Le flux des désirs 43

Une vie de choix 51

Des visions hétéroclites 61

La vérité des illusions 65

Le désespoir et la foi 71

Qui crée Qui ? 75

Le propos de cet essai 83

En amont 89

Le fait moral 99

Une définition élargie 111

Des morales plurielles 121

De la politique 125

Quant au droit naturel 131

Du droit et de la justice 135

Droit ou morale ? 141

Responsable 145

La conscience morale 149

Du collectif à l'individuel 153

Un si fragile vernis 163

De l'individuel au personnel 173

Éthiques et sagesses 179

Partir des lois naturelles 183

La Nature ne peut s'empêcher 189

Un appel silencieux 197

Le système Spinoza 201

A propos 213

Fidélité aux racines 221

Digne compagnie 225

Des idées saines 231

La conviction kantienne 241

Le *Comme si* de Vaihinger 245

Les faux semblants 253

La moralité ascendante 259

La pensée unifiante 263

Prendre place 271

Ni religieuse ni laïque 277

Relier 281

Pour l'universel 287

Mais encore 299

Un grain de sel 307

Postface 315

Remerciements 319